習近平「独裁新時代」

崩壊のカウントダウン

福島香織

序に代えて
——歴史の分岐点となった第20回党大会

中国共産党の第20回党大会が２０２２年10月16日に開幕し、22日に閉幕した。この党大会を経て習近平政権の第３期目という異例の独裁新時代が始まった。

これは習近平が鄧小平以降、確立されていた党内ルール、共産党指導者の地位は２期を超えないという掟を破ったもので、鄧小平および鄧小平指名の江沢民、胡錦涛政権を含む時代を「鄧小平王朝」と呼ぶとしたら、鄧小平王朝の終焉であり、そして習近平新王朝の確立を宣言するものであろう。鄧小平王朝時代を官僚集団による集団指導体制時代とすると、習近平新王朝は毛沢東回帰的な個人独裁であり、恐怖と暴力による専制時代の始まりだと考える。

文化大革命の終了で毛沢東独裁時代が終了し、毛沢東時代に疲弊した中国を鄧小平が集団指導体制と改革開放政策で立て直そうとした。このとき、米国や日本を含む西側社会の支援を得て、国際社会の仲間入りをしようとしてきた中国は、その路線を引き継ぐ江沢民、胡錦涛時代を経て、夏季五輪を成功させ世界第二位の経済大国になり、国際社会において大国の責任を求められるようになった。だが、習近平政権が２０１２年に始まると、この路線が徐々に転換を見せ始めた。改革開放ではなく、一帯一路構想による中国経済圏の確立をめざし、「中華民族の偉大なる復興」というスローガンを掲げ、中国が主導する国際社会の枠組み構想を打ち出し始めた。既存の西側民主主義国家が主役にいた国際社会に対し、中国式現代化モデルを提示し、途上国、新興国に対し、現代化＝民主化ではないと訴え、中国のような専制国家によるグローバル統治が現代化や発展の選択肢としてありうると言い始めた。習近平「独裁新時代」の始まりは、つまり中国国内の独裁強化だけでなく、国際社会の独裁化に向けた動きの始まりと言える。

ただ、習近平「独裁新時代」は決して盤石ではない。たとえば党大会で読み上げた政治活動報告は5年前の第19回党大会よりも4ページも長く72ページもあったが、30ページ分を端折られて全文は読み上げられなかった。第19回党大会のときは4時間もかけて全文を読み上げたのだが、第20回党大会は1時間45分ほどの読み上げ時間だった。

なぜ端折ったのか。一つには習近平は4時間も原稿を読み上げる体力がなかったのではないか、と言われた。習近平は脳動脈瘤などの持病を抱えており、歩く時も時折ふらつきを見せている。手術が必要と言われているが、まだしていないとも言われている。本人が臆病であることに加え、権力基盤固めの厳しい闘争によって入院、静養する時間がなかったからだという。

政治活動報告を全部読み上げないケースは、過去にもあった。2002年の第16期党大会のとき76歳の江沢民は、高齢による体力不足から政治活動報告全文ではなく、短い概要を読み上げた。だが、習近平はまだ69歳で、当時の江沢民よりよっぽど若い。なので、習近平は意外に肉体的に弱い。これから個人独裁体制を築き、グローバル統治の独裁化を進めようという野心に見合った気力、体力が伴っていないのではないか、という説もある。

そして、習近平の「独裁新時代」がひょっとすると意外に短いかもしれないという予測の根拠として、人民人気があまりない、という点も挙げられる。毛沢東の人民人気は圧倒的であり、だからこそ文革のような大衆動員式の権力闘争を仕掛けることができた。だが、習近平は人民からあまり好かれていない。

象徴的な事件が党大会開幕3日前にあった。2022年10月13日、北京市海淀区の四通橋で、「彭載舟」を名乗る一市民が、激しい言葉で習近平の失政を批判し、罷免を迫る横断幕を欄干に掲げて、公衆の面前で逮捕される事件が発生した。その一部始終の動画がSNSで拡散された。その横断幕には六つの標語が書かれていた。

「PCR検査は要《い》らない、飯を食わせろ」「ロックダウンは要らない！自由がほしい」「デマ要らない、尊厳が欲しい」「文革要らない、改革がいる」「領袖要らない、選挙が要る」「奴隷になるまい、公民になるのだ」

もう一つの横断幕には、こうあった。

「授業ボイコットだ、ストライキだ、独裁売国奴の習近平を罷免せよ」

この横断幕のたもとで、ヘルメットをかぶった作業員姿の恰好をした彭載舟が拡声器でスローガンを叫んでいた。警官隊がすぐに取り押さえ、この横断幕を撤去した。

だが、この衝撃的な映像は、あっという間に国内外に拡散された。国内ではすぐにネット警察に削除され、四通橋、彭載舟、海淀、横断幕、標語などの関連語も検索できなくなり、抗議者、勇者という言葉も「敏感語」となって書き込めなくなった。だが、この標語は中国人民の間で密かに広がり、公衆トイレの扉の裏や、キャンパスの目立たない掲示板や、地下道の壁に小さく落書きされたりした。SNSでは、香港人歌手のイーソン・チャンの「孤勇者」という古いポップスのダウンロード数が急に増えた。

「すべて、勇敢の証、君の額の傷も、君が他の人と違う部分も」「愛している、一人暗い道を行く君を、愛している　跪《ひざまず》かない君を」

若者がこの歌詞を歌うとき、多くの人が彭載舟を思い出しているということに、まもなく当局が気づき、「孤勇者」も削除対象となった。

在米の著名華人コラムニストでサイエンスライターの方舟子によれば、この横断幕を掲げた彭載舟は48歳のエンジニア。本名は彭立発といい、ツイッターのアカウントには「自由と科学と哲学を熱愛する技術者」との自己紹介がある。

彼がヘルメットをかぶり工事現場作業員の恰好をしていたのは、高速道路の高架である四通橋に一般の歩行者がいるのは不自然で、そこにいても怪しまれないように変装したということだろう。つまり、周到に計画を練った行動だった。そして夜のうちに横断幕を掲げて、そのまま逃げたり隠れたりすることもできたであろうに現場に残り、タイヤを燃やして煙を狼煙のようにあげた。つまり、この自分の行ったことを白昼堂々と多くの人民に知らしめようとしたのだった。

言うまでもなく、中国は共産党独裁の恐怖政治国家で、国家指導者を「独裁者の売国奴」などと呼べば無事ではいられない。2018年7月に上海で習近平のポスターに墨汁をかけ、「習近平は独裁者だ」と批判した21歳の女性、董瑶瓊は逮捕されたのち、精神病院に入れられて、いまだ行方不明。その父親は娘の逮捕に抗議したため、やはり逮捕され、2022年9月、獄中死した。親族が遺体を確認したところ、父親の全身に暴行の痕《あと》があり、肛門から出血していたという。これに抗議した親族も逮捕されている。彭載舟の行動は、董瑶瓊以上に大胆で計画的であったから、逮捕された彼の安全が極めて厳しいものであることは想像に難くない。彼は、政権転覆煽動罪に問われて重い罪を負うかもしれないし、その前に拷問死させられるかもしれない。だが、彼自身、それを承知の上で、命を賭《と》しての抗議と覚悟があったと想像される。

こんな事件は天安門事件以降、初めてと言っていいかもしれない。だから彭載舟についいて、天安門事件の際に、民主化要求運動をしていた若者たちを踏みつぶしに来た戦車の前に、たった一人立ちはだかった通称「タンクマン（戦車男）」と呼ばれた男性にたとえる人もいた。ネットでは、彭載舟を「四通橋の勇者」「現代のタンクマン」「ブリッジマン」と呼ぶ声もあった。

天安門事件のときですら、鄧小平を売国奴と呼ぶ人民、市民はいなかった。だが、北京市のど真ん中で習近平を売国奴と呼ぶ人民がいる。その人民を英雄視する大勢の人民がいる。

◆　◆　◆

こうした異様ずくめの党大会を経て、習近平第3期目政権が始まった。それは習近平にしてみれば、10年にわたり粛清に粛清を重ねて、権力闘争を勝ち抜いてきての到達点であるかもしれない。

人事は習近平の思い通りに進んだと言える。

鄧小平と胡耀邦が作り出した共産主義青年団を通じた官僚育成システムによって選ばれたエリート官僚たちの派閥、共青団派はほぼパージされた。共青団派は重点大学卒業の優秀なエリートで、血統（革命家の血筋）は重視されず、大学での成績を重視して選抜され、路線的には改革開放重視、イデオロギー的には胡耀邦的な開明派が多いとされている。胡耀邦亡《な》きあとは胡錦涛、温家宝らが共青団派の長老であり、第19期政治局メンバーにおいては李克強、汪洋、胡春華、孫春蘭らが共青団派エリートとして知られていた。

地方の実務経験と中央の官僚経験をバランスよく積み、プラグマティックで常識的な官僚政治家が多く、よくも悪くも優等生体質で、党内権力闘争は苦手といわれていた。

第20期の中央委員会名簿に李克強、汪洋の名前がなく、2人とも「裸退」、つまり完全引退となった。共産党中央は68歳定年が慣例で、69歳の習近平が慣例を破って総書記を続投するのであれば、李克強や汪洋も政治局常務委員に残れるであろう、というのが2022年8月ごろの大方の予想だったが、習近平はこの予想を裏切って、この優秀な官僚政治家たちを指導部から排除したのだった。

それだけでなく、政治局から副首相の胡春華が排除された。つまり降格人事だ。胡春華は共産主義青年団派のホープで、貧農出身ながら16歳で北京大学に合格したという神童。大学入学のために北京に行くときに、初めて靴を履いた、というエピソードも残るくらいの貧困から、政治局まで実績を積み上げて出世し、胡錦涛からは将来の後継者、総書記になるとの期待を寄せられた時期もあった。第20回党大会で、胡春華が政治局常務委員会入りするのか、首相になるのか、それとも政治局委員止まりか、という予測はあったが、政治局から降格するとは、ほとんど誰も思っていなかった。彼には降格されるような失策はなかったからだ。彼が政治局から排除された最大の理由は、若く優秀である共青団派のホープであったからだ。59歳の胡春華が政治局にいる限り、習近平は自分の権力が脅かされることを心配せねばならない。

そして最高指導部たる新政治局常務委員7人は、以下の顔ぶれとなった。

・習近平（続投3期目）
・李強（上海市書記、政治局委員から昇格）
・趙楽際（続投2期目）
・王滬寧（続投2期目）
・蔡奇（北京市書記、政治局委員から昇格）
・丁薛祥（中央弁公庁主任、政治局委員から昇格）
・李希（広東省書記、政治局委員から中央規律検査委員会書記に昇格）

60歳未満の若手はおらず、習近平の後継に目される人物は見当たらない。新たに政治局常務委員入りした李強、蔡奇、丁薛祥、李希はいずれも習近平の忠実な子分、「習家軍」と称される一派だ。つまり完全に習近平の終身独裁の意図を反映した人事となった。

上海市の書記から政治局常務委員入りし、序列ナンバー2の地位についた李強は202

2年の上海の第2四半期のGDP成長率をマイナス13％に突き落とし、ゼロコロナ政策の実施に伴う市民生活の大混乱を来《きた》したという明らかな失策があったが、習近平は彼を指導部ナンバー2とした。それは、習近平の指示通りに「ゼロコロナ政策」を貫徹したからだ。

北京市の書記から政治局常務委員ナンバー5に出世した蔡奇も、2020年までに北京市の人口を2300万人以下に抑制するという目標を掲げ、2017年11月以降、老朽化建物の整理などを理由に、出稼ぎ者の住む建物を一方的に取り壊すなどして、およそ300万人の出稼ぎ者、低所得者を路頭に迷わすような強引な政策を実施し、非人道的と世論の批判を浴びた。当時、北京大学、清華大学では「蔡奇辞職」を求める学生抗議デモが起きたほどだった。だが出世した。なぜか。それは習近平の指示どおりの政策、たとえば脱炭素エネルギー政策やゼロコロナ政策を堅持し、北京冬季五輪も「成功」させたからだ。習近平の指示を守るためなら、いかなる非人道的な政策でも平気でやってのける習近平三大酷吏（三人のひどい官吏）の一人だ。

丁薛祥は大した「失敗」こそしていないが、さして功績もない。あえて功績と言えば、習近平の上海書記時代の秘書役を務め、今も優秀な秘書役であるという点だろう。習近平の演説稿を執筆することもあり、スピーチライターとして優秀と言われているが、政策通でもなければ、地方の省長や書記の経験があるのみで、行政に通じているわけでもない。

李希は広東省書記で、今回、中央規律検査委員会書記という汚職摘発職務の最高責任者になり、政治局常務委員入りした。彼の前に広東省の書記を務めたのは胡春華、その前が汪洋。広東はもともと汚職、腐敗、マフィア事件の多い地域であり、そこから中央規律検査委員会書記に出世したということは、次の汚職摘発ターゲットはひょっとすると胡春華や汪洋ではないか、という声もささやかれている。

王滬寧は、行政実務経験は全くない。共産党史に詳しく、習近平のためにそれっぽいスローガンや演説稿、理論構築をするのは得意だが、中国の経済や民生に対する智慧の蓄積はない。

趙楽際はそれなりに優秀であるが、実は汚職の証拠を習近平に握られているとも見られており、習近平の意見には逆らえない。新政治局常務委員は、みな習近平の言いなりである。

◆　◆　◆

そして、もう1つ、誰もが予想しなかった事件が党大会閉幕式で起きた。共青団派の長老、胡錦涛の強制退席が国内外メディアも見ている中で行われたのだ。この様子はフランスAFPやロイターなどの配信する映像や写真で、世界中が目撃することになった。

胡錦涛は退席するのに抵抗するそぶりだったが、習近平のボディガードと中央弁公庁副主任の孔紹遜が強引に手を取って立ち上がらせて「連行」していった。

この連行に、慌てた表情の栗戦書が立ち上がりかけたのを、栗戦書の隣に座る王滬寧が制止しているようにも見える。胡錦涛はしぶしぶ席を離れるが、その時、習近平に何かを話し、去り際に李克強の肩を叩いていた。李克強は無表情のまま。

新華社はツイッターの英文公式アカウントを通じて、胡錦涛の退席は健康上の問題で、別室で休息をとっていると報じた。だが、この一連の動きに世界が異様なものを感じたからこそ、世界の各メディアがいろいろと憶測を報じた。

その憶測とは、胡錦涛は中央委員名簿に李克強、汪洋が残らず、政治局名簿に胡春華が残らず、共青団派が徹底的にパージされたことを知らされておらず、閉幕式中に図らずも名簿を目にして、抗議の声を上げそうになった。中央委員名簿の採決の際に、反対に挙手する可能性があった。栗戦書が説得を試みているのを横目で見ていた習近平が、自分のボディガードに命じて胡錦涛を強制退席させたのではないか、というストーリーだ。

もう一つ別のストーリーがあり、こちらのほうが、信ぴょう性がある。この直後に裁決される党規約改正案に胡錦涛が反対票か棄権票を入れかねないと習近平が懸念し、退席させたという話である。反対票や棄権票が一票くらい入っても、改正案が可決されることは間違いないのだが、完璧な独裁を望む習近平は、胡錦涛が党規約改正に反対票（棄権票）を入れるのが我慢ならなかった、という。

理由はともかく、この胡錦涛退場劇は、国内外メディアの目前であえて行われたということが重要だ。現総書記が前総書記を党大会の採決前に退席させるという光景を繰り広げたことに、政治的に意味がある。中国共産党は激しい権力闘争をずっと続けてきたが、対外的には党の一致団結の建前を崩さず、また長老に対する敬意を崩さずにきた。だが、習近平はあからさまに共青団派をパージし、共青団派長老を邪険に扱ってみせた。これは習近平新独裁が、鄧小平以来の共産党政治の伝統や建前と完全に決別し、また共青団が象徴する鄧小平路線、改革開放路線との決別をはっきり示したということだろう。

習近平「独裁新時代」とは、共産党が党内では異なる意見を合議でまとめて対外的には団結を見せる伝統的な集団指導体制から、習近平個人がすべてを差配し指導し、イエスマンの部下たちはそれについていくだけで、もし習近平が気に入らなければ、それが対外的にどう見えようと平気で粛清、パージしていく恐怖政治体制だ。

こういう体制では、おそらく中国経済は今後も低迷を続けるであろう。経済や外交や民間の文化交流などを通じて、多少なりともあった西側社会と分かり合える部分も消失していくだろう。パンツを穿《は》けないほど貧しくなっても核兵器をつくるのだ、と対外的に威嚇《いかく》し、周辺国と戦争・紛争を起こしていた時代、党内ではひっきりなしに粛清を続けていた文革時代のような混沌の国に後退していくかもしれない。

気がつけば、すでに長老も官僚も習近平への不満不服を抱え、人民の多くも習近平を独裁者、売国奴、裸の皇帝と思っていることを隠さなくなっている。これは「独裁新時代」が始まったとも言えるが、悪政を覆そうとする民衆革命が起こる条件が整ったとも言えないか。

2022年秋、習近平「独裁新時代」が始まった。だが、これは中国共産党体制の崩壊のカウントダウンが始まったとも言えないか。それを示す兆候を、これから一つずつ挙げていこう。

習近平「独裁新時代」崩壊のカウントダウン

目次

最終章

編集●白石泰稔
装丁●柿木貴光
カバー写真●アフロ

第1章

江沢民の死と白紙革命

中国高度経済成長期の象徴としての江沢民の死

2022年11月30日12時13分（北京時間）、江沢民が上海で白血病と多臓器不全のために死去した。享年96歳。

新華社が正式に公告を出した。

「全党全軍全国各民族人民を代表し、江沢民同志に比類なき崇敬の念と深い哀悼の念をささげる。現在、以下の通り決定した。

①全党全軍全国各民族人民はこの公告を発布してより、江沢民同志の追悼大会開催までの間、北京天安門、新華門、人民大会堂、外交部、駐香港中央連絡弁公室（香港中連弁）、マカオ中央連絡弁公室（マカオ中連弁）、外国の大使館で半旗を掲げて哀悼の意を示す。

この期間、香港中連弁、マカオ中連弁、在外大使館は霊堂を設置し、駐在国の弔問を接待する。
②我が国の慣例に従い、外国政府、政党、友好人士が派遣する代表団および訪中代表を追悼活動には招待しない。」

江沢民死去といえば、2011年7月7日付『産経新聞』の誤報が有名だ。今度は新華社が報じているから間違いない。

ちなみに、この誤報は、今は亡き住田良能社長（当時）が自らとってきた特ダネで、北京駐在の現場の記者が、江沢民の息子の動向まで確認して「江沢民は死んでいない」とはっきり否定しているのに、社長が「おれが責任をとる！」と言って強引に号外まで出してしまったといわれる、ものすごく有名な誤報である。

なぜこのような誤報が起きたかというと、このネタは住田社長の個人的なルートである解放軍中将筋から伝えられたそうだ。この中将筋の特ダネはこれまで何度か『産経新聞』に特ダネを提供してきた実績があった。そこで、北京の現場の記者に裏どりを命じると同時に、日本の親中政治家（福田康夫）にも問い合わせたところ、親中政治家も江沢民死去を確認したので、北京の現場記者が「裏はとれない、ガセネタの可能性が高い」と伝えても、これを無視して号外発行を命じた、らしい。

おそらく中国側が『産経新聞』の信用を落とすために、わざとガセネタをつかませた「トラップ」だろうと、と言われている。『産経新聞』は文革時代、柴田穂特派員が「文革の本質は毛沢東の権力闘争である」という事実を報じたことにより、中国当局より強制退去を命じられて以来、中国国内に支局を置けないでいた。それを、住田社長が主導で十年余りの地道な交渉を行い、北京に「中国総局」を置きつつ、台湾の台北支局を維持することを納得させて、1998年から『産経新聞』も中国総局を開設して北京で現場取材ができるようになった。これは日本における中華圏報道において画期的な事件だった。

この交渉のプロセスで築いた人脈がその後、『産経新聞』の中国報道における強みとなり、その筋から特ダネを得たことも何度かあった。だが、この人脈は住田社長個人に属するもので、中国当局は『産経新聞』の報道姿勢には不満を募らせていたと言える。住田社長引退内定の情報とともに、個人の人間関係を重んじつつ、メディアとして敵視しているという微妙な緊張関係のバランスが、崩れたと見られている。

もともとこうした人間関係は、中国側もいざとなったら利用するつもりでいたからこそ、大事にしていた。だが、当時、『産経』の反中的報道はエスカレートする一方で、しかも住田社長が引退するならば、もはや中国当局としてもこの人脈は利用価値がなくなる。ならば、最後の最後にそのメンツをつぶしてやろうとトラップを仕掛けた、ということだろう。

しかし、では「江沢民の死」が、なぜそんなにニュースバリューがあるのか。誤報の可能性をあえて引き受けてまで特ダネを狙いに行く価値ある「ネタ」というのは、そう多くない。

それはやはり「江沢民の死」の政治的意義が意外に大きいということではないか。そして江沢民の死がいつのタイミングであるか、誰がどのように利用しようとするのかも含めて、ニュースなのだと思う。

本当はいつ亡くなったのか

2022年10月ごろから、何度か江沢民死去の噂が流れた。じっさいに江沢民の死去がいつだったかは不明だ。おそらく2月ごろから入院していたようだ。ずっと意識はなく、党大会が終わるまで脳死状態で生かされていた、という説がある。江沢民は党大会に出席していない。だが江沢民の死去発表は11月30日で、党大会が終わってからもずいぶん経っている。

江沢民は、本当はいつ亡くなったのか。諸説あるが、私は11月13日の可能性が強いと思っている。習近平と彭麗媛がインドネシアのG20に出席し、第三期目の総書記として外交デビューしていた最中のことなので、隠蔽したのだという説がある。

確かに、このとき、ネット上でやはり江沢民死去のニュースが駆け巡った。10月以降、あまりに頻繁に江沢民死去のSNSが届くので、私も、「またか」と思ってしまった。だが、この11月13日の江沢民死去の噂の出元は李肇星（元外相）の姪っ子で、フェニックステレビの記者の秦楓だ。ひょっとすると彼女なら、そういう情報をつかめる立場ではないか。もちろん、彼女もはっきり言ったわけではない。「江水東風去」と微博《ウェイボー》で発信して、すぐに削除したのを、チャイナウォッチャーたちが、江沢民死去の意味と受け取ったのだ。

また一部中央メディアの記者が公式ニュースサイトを白黒にする準備をするように通達されたのも13日だったという。

もし江沢民死去が13日だとしたら、なぜ17日間も隠蔽されたのか。習近平の大事な新時代初外交デビュー中だったからか？　ならば帰国してすぐ発表すればよい。

ここで気になる事件が二つある。一つは白紙革命だ。白紙革命（運動）とは後に詳しく説明するが、天安門事件の再来になるかと、一時期危ぶまれた大学を中心に広がった体制批判運動である。そしてこの白紙運動と連動するが、もう一つはゼロコロナ政策の転換だ。

時系列からいえば、江沢民の死（11月13日説）、白紙革命（11月26日）、江沢民葬儀（12月6日）、ゼロコロナ解除（12月7日）がある。この一連の流れは、2022年11月から12月にかけて起きた習近平第3期目スタート後の崩壊へのカウントダウンのスタートではないか。

異例に盛大すぎる葬儀への疑問

まず江沢民の葬儀、追悼大会から振り返ってみたい。

2022年12月6日、中国の元最高指導者の江沢民の追悼大会が人民大会堂で行われた。習近平が神妙な顔で、50分にわたる弔辞を読み上げた。

意外であったのは、江沢民に送られた様々な形容詞が鄧小平に勝るとも劣らない素晴らしいもので、ひょっとして習近平は内心本当に江沢民のことが大好きだったのかもしれない、と思うほどだったことだ。

この追悼大会の日は一日すべての娯楽が禁止されるなど、鄧小平の追悼大会のときにはなかった通達もなされた。

だが江沢民の最高指導者としての功績は、明らかに鄧小平よりは低い。そもそも江沢民執政の前半は事実上の鄧小平院政であった。また、習近平は江沢民派を政敵とみなして激しい権力闘争を展開していたはずだ。そんな江沢民に対して、習近平がここまで賞賛を込めた弔辞を読み上げたのはなぜなのか。

12月1日付けで、江沢民の死を人民に告げる訃告「全党全軍全国各民族人民に告げる書」が人民日報など各紙に出された。訃告とともに、白黒で江沢民の遺影が大きくぶち抜きで掲載された。この紙面構成は、鄧小平が死去した時の1997年3月20日の紙面と全く同じ構成で、見出しや写真の大きさ、文章に使われる表現までほぼ同じであった。

江沢民の訃告では、偉大なるマルクス主義者、偉大なる無産階級革命家、政治家、軍事家、外交家、試練を長く経た共産主義戦士、中国の特色ある社会主義の偉大なる事業の傑出した指導者、党の第三代中央集団指導体制の核心、三つの代表の重要思想の主要な設立者と、鄧小平に勝るとも劣らぬ形容が並んだ。

そして興味深いことに、この訃告では、江沢民が後進に道を譲る形で自ら党中央委員を引退したこと、中央軍事委員会主席には残留して胡錦涛を支えたことをポジティブに評価していた。

「江沢民同志は党と人民の事業の戦略をきわめて重視し、第16回党大会の準備を主導し、党と国家事業の長期的発展、党と国家の長期的安定のために、中央指導者の職務を連任せず、同時に党中央委員会も引退することが党と国家の新旧交代を促進するのに利するとして、引退を請求し党中央は同意した」

「当時の国家情勢は複雑で変化が多く、国防軍建設の任務が頻繁《ひんぱん》で重いことを考慮し、第16期党中央委員会は第1回全体会議で、江沢民同志の中央軍事委員会主席残留を決定した。

第16期一中全会後、江沢民同志は全力で胡錦涛同志の新しい中央集団指導の任務を支えた」

習近平自身は第20回党大会で共産党ルールを破り、反対派を押し込めて強引に3期目の総書記を連任した。なのに、江沢民が自ら引退したことを賞賛するとは、どういう心境なのか。また訃告は、「1989年の春から夏に変わるころ、わが国には深刻な政治風波が起こった」と天安門事件にも言及していた。

折《おり》しもこの時期、中国ではいわゆる「白紙革命」が中国全土に拡大していた。第二の天安門事件になるか、と国際社会が注目しているこの運動の最中に、天安門事件の記憶を刺激するような発言も不用意ではないか？　これらの部分は、12月6日に行われた追悼大会で習近平が読み上げた弔辞の中にもあった。

12月5日に告別式が行われ、6日に追悼大会が開催されることになったが、遺体を安置する形の告別式は執り行わず、外国からの弔問客も受け入れないことになった。多くの人たちは告別式が行われない理由について、あれこれ噂し合った。たとえば、江沢民が死去したのは実は発表された日付より2週間以上前の11月13日で、遺体が傷《いた》んでおり、告別式にふさわしい状態ではないのではないか、とか。あるいは、告別式に刺激された大衆が江沢民を偲《しの》んで集会を開くのを懸念したのではないか、とか。

1976年4月5日の第2次天安門事件は、周恩来の死を悼《いた》む群衆の集会が反毛沢東、反四人組の抗議デモに拡大し、鎮圧された事件だ。周恩来の死がきっかけだった。この事件によって鄧小平は三度目の失脚をしたのだった。また、1989年6月4日の天安門事件は、胡耀邦の死がきっかけとなった。江沢民の遺体を目《ま》の当たりにし、その死を悼む人々が、折からの白紙革命運動と一緒になり、習近平と政治的に敵対する上海閥残党とともに立ち上がって習近平政権を根底から揺るがす事件になるかもしれない、と習近平が恐れたので、遺体を安置する告別式は省略されることになったのではないか、という見方もあった。

結果から言えば、12月5日に301軍事病院で簡素な告別式が行われた様子がCCTV（中国中央テレビ）などでも報じられ、江沢民の安らかな死に顔も人民に披露された。

12月6日の江沢民の追悼大会の日は、全国で半旗掲揚、全人民による3分の黙とうが行われ、全国の車両が3分間、警笛、警報を鳴らすように求められた。その日は一日、公共の場の娯楽はオンラインゲームを含めて禁じられた。江沢民の揚州の実家では献花が山と寄せられた。追悼大会の格式は鄧小平の死去に殉じており、一部では鄧小平以上の格式であったという指摘もある。

ただ、一般市民が自発的に各地で集会などを開いたという話はあまり聞かず、追悼大会の参列者が愁嘆してみせる場面もあまりなかった。天安門事件で趙紫陽失脚の代わりに鄧小平から総書記に任命された江沢民は、庶民受けは決してよくなかったのだ。

習近平は神妙な表情で淡々と、用意された弔辞を読み上げた。それは、鄧小平の追悼大会で弔辞を読み上げた江沢民が、涙をぼろぼろ流して嗚咽してみせていたのとは対照的で、冷淡な印象でもあった。

チャイナウォッチャーたちは、こうした江沢民の異例に盛大だけど、どこか冷淡な印象の追悼大会に関する数々の疑問について、いろいろな意見を言い合った。

まず、ずっと政敵とみなされて江沢民を、なぜこんな風に褒めたたえるのか。習近平は弔辞で、江沢民の死を「計り知れない損失」と言い、「江沢民の遺志を継承しよう」と呼び掛けた。江沢民の功績とは、改革開放や中国のWTO（世界貿易機関）の加盟などだ。それを継承しようということなのか。だが習近平がこれまで掲げてきた経済路線は、鄧小平改革開放路線を忠実に受け継いだ江沢民と反対方向の「民退国進」（民営企業の後退、国営企業の進化）や共同富裕の毛沢東回帰路線である（その結果、民営企業の倒産ラッシュが起き、外資の中国市場脱出が進んでいる)。江沢民を褒めたたえるのは矛盾していないか。

この矛盾について、興味深いのは、台湾の淡江大学中国大陸研究所の張五岳教授がフランス国際放送のインタビューで語った指摘だ。

「習近平の今の権力基盤は、当時の江沢民の権力と関係がある。李克強を後継者にしたかった胡錦涛を抑えて習近平を総書記に押し込んだのは江沢民だったから、習近平は個人的に江沢民に深い恩を感じている」

だから江沢民を持ち上げ、自分が江沢民の推薦を受けた正当な後継者であることをアピールする狙いがあるのではないか、ということだ。

江沢民も胡錦涛も、鄧小平が生前、今後の指導者として指名していた〝鄧小平欽定〟指導者である。習近平が党内で今ひとつ尊敬されていないのは、みんなが尊敬する鄧小平が選んだ指導者ではない、という部分もあった。そのくらい改革開放をスタートさせた鄧小平は、党員にとって偉大なのだ。

そこで、習近平は江沢民を鄧小平クラス、あるいは鄧小平以上の改革開放実行者として葬送し、「自分が江沢民から指名された正当な権力者である」というロジックを打ち立てようとした、というわけだ。

さらに言うと、江沢民の経歴を肯定することで、自分の任期3期目のエクスキューズになる。江沢民は総書記在任13年であり、また総書記引退後も「国際情勢」を考慮して中央軍事委員会主席に残留した。76歳で総書記・中央委員を引退した当時の江沢民より、今の自分は7つも若い。「国際情勢」「新型コロナ」など複雑な国内外情勢を考慮して通常より1期5年多く総書記任期を務めることぐらいいいではないか、というロジックである。

また、台湾香港協会理事長の桑普は米メディアのラジオ・フリー・アジアの取材に対し、江沢民の訃告で天安門事件について言及していたのは白紙革命に対する牽制であるという可能性に言及した。

「つまり刀をかざして見せて、(白紙革命を続ければ)天安門事件を武力鎮圧したように、中国人民の上に振り下ろすぞ、という意味だ」。人民に対して、天安門事件の記憶を呼び覚まされてなお白紙革命の戦いを継続する覚悟があるのか、ということだ。

11月13日にすでに死去していた(脳死)という説を信じれば、なぜ江沢民死去の発表が11月30日に調整されたのかというと、白紙革命に対する人民の関心を分散させるためだという見方もあった。実際、中国のＳＮＳのトレンドワードを見ると、30日まで白紙革命関連のキーワードで盛り上がっていたネット世論は、江沢民死去の話題に塗り変えられた。

江沢民への追悼大会はとりあえず無事に終わり、天安門事件に匹敵するような動きにはつながらなかった。習近平は胸をなでおろしただろう。総書記に引き上げてくれた恩人であり、政敵であった江沢民の死を習近平はうまく利用し尽くしたわけだ。

だが、本当に習近平がまんまと江沢民をその葬儀まで利用し尽くしたかというと、一つだけ疑問が残る。おそらく、江沢民の死に際し、多くの人民は江沢民時代の１９８９年から２００２年の13年間の中国がどんな時代であるかを思い出しただろう。改革開放が打ち出され、農民から金持ちになれる人たちがいた。ＷＴＯ加盟や五輪招致など国際社会デビューのチャンスをつかんだ。今日より明日のほうが豊かになれると信じられていた。まさに中国バブル時代だ。そんな時代があったのだ、と今の息苦しい習近平個人独裁化で気づかされた人々もいたのではないか。そんな人たちから見た盛大すぎる江沢民の葬儀は、まさに「豊かな中国」の告別式、本当の意味でのチャイナ・ドリームの喪失を悼むセレモニーに感じられたかもしれない。

「白紙革命」はなぜ起きたのか

江沢民の死と白紙革命の時期が重なったのは、偶然なのか、それとも白紙革命を抑え込むために江沢民の死を利用したのか。いずれであっても、ともに中国の時代の転換期であるという天の告知のようでもある。

ここで、白紙革命とはなんであったかを振り返ろう。

11月26日から中国全土の主要都市で200前後の大学で、「白紙革命」と呼ばれるゼロコロナ政策への抗議活動が燎原《りょうげん》の火のように広がった。これは、天安門事件の原因となった民主化希求の学生運動以来の規模となった。

原因は長期にわたるゼロコロナ政策への不満の蓄積であり、導火線は11月24日のウルムチ大火災だった。この運動は、現場が主に大学のキャンパスであったことから、春節休みを前倒しにすることで年明けには収束したように見えるが、その火種はずっとくすぶっている。11月30日に江沢民死去を発表したのは、この「白紙革命」を抑え込むためだったのではないか、という説もある。国家的に喪に服すことを建前に、学生たちが集まりそうなイベントを抑え込める、あるいはネットニュースの関心を白紙革命からそらせる、という狙いがあったとか、なかったとか。

そのくらい共産党当局にとっては、センシティブな事件だった。

運動の始まりとなったのは、南京伝媒学院で11月26日にライブストリーミング配信された動画だ。動画の中身を説明すると、次のような感じだ。

学院キャンパス内の鼓楼前で、白紙を掲げて無言で女子学生が立っていた。そこに指導員（教師）がやってきて、その白紙を取り上げたが、女子学生は白紙を持っているように手を構えたまま立ち続けていた。その様子を撮影していた別の女子学生が問う。「なぜ白紙を奪うの？」。指導の教師は「白紙に何の攻撃力があるというのか？」。

このシーンは、旧ソ連のある諷刺的な笑い話を思い起こさせる。

モスクワの赤の広場で、男がチラシをまいている。官憲が男を逮捕したら、チラシは白紙だった。「白紙をばらまいても逮捕されるのか？」と男が問うと、官憲は言う。「お前が白紙に何を書こうとしていたか知っているぞ」――。

言論統制、思想統制が行き着く先では、人々はたとえ無言であっても逮捕される。無言であることが、すでに言論統制への抵抗の意味になってしまう。「白紙」は言葉として何の攻撃力もないはずなのに、独裁者は「白紙」を恐れるのだ。なぜなら、白紙の示す意味が自分たちへの攻撃だと知っているから。

厳しい言論統制下で、沈黙自体が雄弁になってしまうという矛盾。そして、そんな社会では沈黙しようが発言しようが、結局、人々は逮捕され虐げられてしまう。声を上げたほうがましではないか？

やがて別の学生が彼女の周りに、次々と白紙を持って集まり始め、群衆となった。ついに一人の男子生徒が最初の女子学生の隣に立って、突然、演説を始める。

「ここに僕が立つのは、勇気があるからじゃない。僕よりも、ここにいる女子学生たちのほうが勇気がある。彼女らの勇気が僕をここに立たせたのだ。これまでの僕は弱々しかった。新疆人として僕は声を上げる」

「あのウルムチ大火災で、親しい人、家族を亡くした同胞のための声を上げる」

「すべての犠牲者のために声を上げる」

周囲から拍手と「ハオ！　ハオ！」（そうだ！　いいぞ！）という歓声が沸き起こった。

夜になって学生たちは続々と白い紙を持って集まった。

ウルムチ大火災とは11月24日夜、ゼロコロナ政策によるロックダウンが100日以上続く新疆ウイグル自治区ウルムチ市の集合住宅で発生した大火災だ。死者は、公式発表は10人だが、地元病院の話を総合すると44人以上が死亡したとも伝えられた。

ここまでの大火災になり犠牲者が多くなったのは、地域がロックダウンで封鎖されていたので、消防車が近づけず消火が効率的に行われなかったこと。マンションの入り口が封鎖され針金で縛られていたので、中の住民が自力で逃げ出せなかったことなどがあったからだという〝噂〟が広がった。

この事件は、この3年間のゼロコロナ政策に苦しめられてきた人民の不満に火をつけた。各地で一斉にゼロコロナ政策反対の市民運動が広がった。その中で、最も洗練された、パフォーマンスアートといってもいいくらいの美しい抗議スタイルが、この南京伝媒学院で始まった「白紙運動」、あるいはカラー革命に対比させた「白紙革命」と呼ばれている活動だった。

南京伝媒学院の白紙を持った学生たちの抗議活動は、11月26日夜10時まで続いた。集会場所の鼓楼前は、普段なら煌々《こうこう》とライトアップされるが、その夜はなぜか灯がつけられなかった。暗闇の中で学生たちは白紙をもち、携帯電話のLEDライトを灯《とも》した。ウルムチ大火災への哀悼を叫ぶ声が響いた。

再び駆けつけた指導員教師が学生たちを諌める。「政府が君たちのためにどれだけ良くしてくれているか、考えなさい」。学生たちから笑い声がもれた。

学院長が駆けつけた。「君たちはいつか、この日の代償を支払うことになる！」。恫喝めいた発言で学生たちを解散させようとした。だが、学生たちも負けてはいない。「なぜ灯を消すのか？」「あなたも代償を支払うことになるよ！」と言い返していた。

結局、学院長が「今日は何も起きなかった。誰も責任を追及しないから」と説得を続け、学生たちは解散した。この動画はすべてのやり取りが撮影され中国国内のＳＮＳを通じて拡散され、そしてツイッターでも拡散した。

一部でこの学院長の「代償を支払うことになる！」という恫喝発言が批判されていたが、この学院長の判断は正しかったかもしれない。この時、学院の門の前には、警察車両がずらりと並んで、何かあったら突入しようと構えていたのだ。灯を落としたのは、公安当局の監視カメラに内部の様子を見せないための学院側の配慮だったかもしれない。

この「白紙を掲げる」抗議スタイルは、このとき一気に中国全土に拡散された。

同じ11月26日午後、上海の名門大学、復旦大学付属病院や上海戯劇学院があるウルムチ中路で学生たちを中心にした市民の抗議活動が起きていた。この時も皆、白紙を掲げていた。南京伝媒学院の女子学生の白紙抗議と連動したのかは分からない。だが、やはりウルムチ大火災の犠牲者への哀悼運動だった。花束とろうそくを持って抗議活動に参加する人も大勢いた。

この抗議を制圧しようと警察がやってきたが、捕まえても捕まえても、ウルムチ中路に献花しようとする人がやってくる。やがて「ＰＣＲ検査はいらない、自由が欲しい」というスローガンが叫ばれ、それはやがて「自由が欲しい」の大合唱となった。そして27日未明には、「共産党下台（共産党は退陣しろ）」「習近平下台（習近平は退陣しろ）」のシュプレヒコールが起きた。

白紙を掲げて抗議活動を行うというスタイルは続々と各地で起きた。中心は大学だ。少なくとも11月29日の段階で香港を含めた全国１６２の大学・学院で白紙運動は起きていた。北京の名門大学で習近平の母校でもある清華大学でも、１０００人以上の学生たちがキャンパス内の紫荊園前に集まって、白紙を掲げて抗議活動をした。

完全な白紙だけではなく、奇妙な数式が書かれていたりする紙もある。フリードマン方程式。アインシュタインの一般相対性理論を導く運動方程式、宇宙膨張（ビッグバン）を表すとされる方程式だ。フリードマンの「フリー」（自由）を示唆するのか、膨張しすぎた共産党をビッグバンに例えているのか。清華大学らしい高度な諷刺に加え、直截的な「こんな異常な中国はもうごめんだ！」「民主法治、表現の自由を求める！」といったスローガンが飛び交った。インターナショナルの合唱が起こった。

女子学生が叫ぶ。「逮捕されるのが怖かったら、発言しない！　人民に失望されたくない。清華の学生として、後悔はしない！」。

中国において知識人とは、科挙の時代から、天下国家のため、公のためにその知識、見識を役に立てることを期待されている。現代の中国エリート代表の自負が、この叫びに込められていた。

中国はこの3年の間に、相次ぐロックダウンのせいで、新型コロナ感染による死者以上の死者が出ているといわれている。11月のウルムチ大火災、少なくとも27人の死者を出した9月の貴州の隔離者運搬の大型バス転落事故、ロックダウン中に自宅で飢え死にした新疆・イリ市のウイグル人たち、上海や鄭州など長期封鎖生活に絶望して自殺する人、封鎖アパートから脱出しようとして失敗して転落死した人、病院に治療を拒否され苦痛に耐えきれずに自殺した透析患者、陰性が確認されないとして入院できず病院の外で死産した妊婦……。それは、もう数えきれないほどの悲劇が起きた。

なぜ、このような理不尽なゼロコロナ政策がまだ続いているのか？

11月11日に、国務院聯合防疫コントロール指揮部はゼロコロナ政策最適化20条を通達し、現状に合わせてゼロコロナ政策を調節するように指示している。だが、末端の組織ではゼロコロナ政策の手を緩めようとはしなかった。なぜか。一部で言われているのは、すでに地方末端政府にとってゼロコロナ政策は利権になっている、ということだ。

ＰＣＲ検査企業と癒着したり、賄賂をもらってスマートフォンにダウンロードされた健康コードアプリの色を操作したりしているという話がある。河南省のある地方政府は、4万元を払えば個人の健康コードの色を変えることができる、と噂で聞いた。ライバルや嫌いな人間に対して、あいつは陽性だ、あいつは濃厚接触者だ、という密告により、健康コードを赤に変えて隔離させることもできるらしい。まるで文化大革命のときの「反革命罪」の密告のように。

白紙革命と同時に発生している各地市街での群衆の抗議活動は、横暴で腐敗したこうした「大白」（白い防護服を着た防疫役人）への怒りの爆発だった。

出稼ぎ者の多い広州市や鄭州市などでは、ＰＣＲ検査反対やロックダウン解除を求める民衆が、防護柵を壊して封鎖地域から外に出ようとして、白い防護服姿の警官隊ともみ合った。中には警察車両をひっくり返す姿もあった。

武漢の群衆デモでは、警官隊との衝突の際、警官による発砲があったと伝えられている。威嚇発砲であると言われているが、武漢は新型コロナが最初にアウトブレイクした都市というだけでなく、ゼロコロナ反対の運動に対して最初に発砲が行われた街となった。成都のデモでは、「お前たちは寄生虫だ！」「俺たちの皮膚、血、肉を食らっている」と公安警察に向かって叫んでいた。

ＳＮＳには、北京、重慶、西安などで群衆デモと警察が激しく衝突している動画が流れている。こうした騒ぎは都市部だけでなく、地方の農村地域でも起きているようだ。

こうしてだんだん収拾がつかなくなっていく「白紙革命」の行先が、天安門事件の轍《てつ》を踏まないかと、多くの人たちが心配した。警官隊だけでは騒ぎを制圧できない状況になれば、あの習近平なら武装警察、軍によって治安維持を行おうとするのではないか、と。

11月29日、王丹ら天安門事件の元学生指導者ら十数人が海外のＳＮＳを通じて、「解放軍官兵、武装警察、警察に告げる書」を発表し、天安門での虐殺の悲劇を繰り返してはならない、と強く訴えていた。

在米民主化運動家の王軍濤ら知識人も、「中国人民に告げる書および栗戦書・全人代常務委員長、李克強首相、汪洋・政治協商会議主席への公開書簡」で、ゼロコロナ政策の即刻終了と習近平の辞任を求めている。

国際社会の多くの影響力を持つ人々が注目し、学生たちを擁護し、抗議の民衆を擁護した。

こうして燎原の火のように広がった「白紙革命」は、ついに習近平が固執していた「ゼロコロナ政策」を転換させることになったのだ。

白紙革命によってゼロコロナ政策転換へ

白紙革命は大学を拠点に拡大したので、習近平政権も対応が難しかった。上海市ウルムチ中路などで起きた集会に対しては警察が出動し、手あたり次第に抗議者を捕まえてはバスに放り込んで制圧しようとした。11月28日からは、現場に大量の警察が配置され、厳密な警戒態勢が敷《し》かれるようになった。街中を歩く市民は手当たり次第に訊問《じんもん》を受け、スマートフォンをチェックされ、抗議活動に関する動画やSNSでの発言が見つかると即刻削除を要求されるなどした。また路上に設置されているハイテク監視カメラなどの映像をもとに抗議参加者を特定し、「約談」と呼ばれる「時間を指定して呼び出しての訊問」や逮捕を行った。

29日に新華社が報じた、中央政法委員会の会議議事録によれば、法に従った敵対勢力の浸透と破壊活動の打撃（取り締まり）が通達され、社会秩序の破壊という犯罪行為の企みに対して法に従い打撃すること、社会の安定維持を断固とすることを支持している。これは、中国共産党当局による白紙革命に対する姿勢を示すもので、事実上の大鎮圧命令が下されたとする見方もある。

これに国際社会が強い懸念を示し、29日、米国ホワイトハウスの国家安全委員会のジョン・カービー報道官は、「米国は平和的抗議者を支持し、彼らが身体的に傷つけられたり、いかなる方式の脅迫や脅威を受けたりすることを望まない。それが中国であれ、イランであれ同じだ」と発言。

カナダのトルドー首相も29日、「中国の誰一人、表現の自由を享受すべきで抗議してよい。カナダ政府は引き続き中国にカナダ人が人権を支持し、表現の自由を求める民衆と同じ立場に立っていることを理解してもらうようにする」と述べた。

当局は清華大学など多くの中国の大学で、学生に前倒しで春節休みを与え、故郷の実家に帰るように働きかけ、学生寮に残る学生が北京など大学所在地の大都市で「白紙運動」の抗議活動に参加するのを防止しようとした。このため学生たちは、史上前例のない71日におよぶ長い冬休みを強制的に取らされることになった。

大学で学生たちを捕らえると、科挙の伝統から学生を尊ぶ中国人世論が騒ぐ可能性がある。だから故郷の実家に帰したあとで、白紙革命に参加した学生たちを「約談」で呼び出し、逮捕するという方法をとった。多くの学生たちが今なお、連絡がとれず「失踪させられた」状態にある。おそらくは秘密逮捕されたと見られている。

しかし、当局がこうした厳密な警戒と新たな抗議活動の発生の防止策を講じている一方で、一部の地域のゼロコロナ政策は総体的に少しずつ緩和措置をとりはじめた。

連続3カ月以上のロックダウンを経験し、白紙運動の引き金になったウルムチ大火災が発生した新疆ウイグル自治区ウルムチ市では、29日、政府は低所得者、無所得者を対象に一人あたり300元の現金を支払うこととした。また公共賃貸住宅に住む家庭に対しては、5カ月分の家賃を減免する政策も発表した。

このほか、就業困難な低所得世帯に対しては、社区（コミュニティ）に公益性のある職業を提供するよう指示し、こうした支援を必要とする民衆は社区を通じて申請するように呼びかけた。

また当局は29日、60歳以上の高齢者に対してワクチン接種を加速することも通達。中国がこの数年来、経済成長を抑制し、民衆の生活を不安定化させ、大規模抗議を引き起こしたゼロコロナ政策を変えることができなかったのは、高齢者のワクチン接種率が低かったことが一つの原因であったとされていたからだ。

河南鄭州でも、当局はロックダウンを解除。これは10月以降、アップルスマートフォン組み立ての最大規模工場、フォックスコン工場区域にとって重要な措置だった。

フォックスコン工場には少なくとも20万人の従業員がおり、ロックダウンによる劣悪な管理環境を恐れた数万人の従業員が封鎖区域から集団脱出する問題が繰り返し報道されていた。この逃亡した従業員の欠員を補うべく、高額の給与、ボーナスを掲げて新たな従業員を募集したが、募集広告通りに給与が支払われなかったため、新たに激しい官民衝突を伴う抗議活動が発生していた。一部従業員はこの官民衝突で逮捕されていた。

習近平は12月1日、EU大統領のミッシェルと会談した時、白紙革命や反ゼロコロナ運動について、「3年に及ぶコロナ流行に人々が不満を募らせていたため」で「主に学生や10代の若者によるもの」と説明していたという。

習近平が外国要人に、国内で学生デモが拡大していることを認めるのは、異例だ。こういうのは、「存在しないこと」として対外的に隠蔽するのが常だった。さすがの習近平もゼロコロナ政策を転換せざるを得ないと判断したのだった。

ただ、このミッシェルとの会談が行われた1日、南京伝媒学院で最初に白紙を掲げて黙って運動を始めた女子学生、李康夢の消息が途絶えた。秘密逮捕されたという。27日未明、上海のデモで「習近平下台」を叫んだ青年も逮捕された。

習近平はゼロコロナ解除によって大衆の不満をなだめつつ、デモ参加者には容赦ない弾圧で震えあがらせることで、白紙革命を収束させようとした。

ゼロコロナ政策終了で新たなリスクの始まり

12月7日、国務院の聯合防疫コントロールメカニズム当局は「新十条」と呼ばれるゼロコロナ政策緩和の10項目を打ち出した。

簡単に内容を列挙すると、次の通りである。

（1）封鎖する場合は正確にハイリスク地域に絞って勝手に拡大しない。いきなりロックダウンはしない。

（2）ＰＣＲ検査対象を縮小し少しずつ減らしていく。病院、養老院、託児所、小中学校など特殊な場所以外はＰＣＲ検査陰性証明提示を要求しない。

（3）無症状陽性者、軽症者は家庭で自主隔離か集中隔離施設かを自分で選択。

（4）ハイリスク地域封鎖は、５日間、新規感染者が出なければ解除。

（5）薬局は勝手に営業をやめない。薬の購入に勝手に制限を設けない。

（6）高齢者のワクチン接種を加速。

（7）基礎疾患者に対する分類管理。

（8）非ハイリスク地域の人的流動、生産・営業を停止してはならない。社会の正常運転、基本的生活物資、ライフライン供給などを保障。

（9）消防車両の通り道やコミュニティのゲートなどを封鎖しない。

（10）学校の防疫工作の最適化。感染の起きていない学校の正常な開放、など。

これは11月半ばに打ち出したゼロコロナ政策最適化20条に続く、ゼロコロナ緩和の通達となるが、11月には一向に言うことを聞かなかった地方の現場が今回はあっという間にPCR検査ステーションを閉鎖し、建設したばかりの強制隔離用のキャンプを解体し、「大白」と呼ばれる防疫職員の姿も消えた。

さらに、健康コード、行程コード、PCRコードなど、ゼロコロナ政策において人民の監視に利用されてきた様々な管理統制アプリを廃止することも発表。多くの場所で、それまで健康コードを提示してグリーンでなければ乗れなかった高速鉄道の移動も、解禁された。

広州や上海、成都など厳しいロックダウンに見舞われていた地域では、封鎖されていたゲートが撤去され、閉じ込められていた人々が歓喜の声をあげて外に出てくる様子、爆竹を慣らして祝う様子などがSNSで拡散されていた。

だが、このゼロコロナ政策転換によって、中国社会は新たな試練に直面することもまもなく判明。つまり、北京ほか各都市で、急激な新型コロナ爆発感染が発生することになった。「病院の霊安室がいっぱいだ」「病院の外来診療窓口がパンクしている」「コミュニティの全員が感染した」……といった大量の小道消息（噂、伝聞）がSNSに流れ、風邪薬や漢方薬、生活物資の買い占めが起こった。「缶詰の桃がコロナの症状を緩和させる」といったデマが広がり、スーパーの棚から桃缶が一瞬で姿を消す現象も起きた。

中国当局が公布する新型コロナ新規感染者は12月2日の6万2439人から12日の8847人へと急減しており、あたかも順調に新型コロナ感染状況から脱しつつあるようにも見えた。だが、多くの人はこの数字を信じなかった。要は、PCR検査をしなくなったから陽性者の数が減ったのだ。

12月13日からはPCR検査を行っていないという理由で、無症状感染者数の公表も停止した。これで本当の感染状況がますます不明になった。

市民は強制隔離の恐怖に怯える必要はなくなったが、体感として近所や知り合いの感染が急増しており、不安に駆られ始めていた。

こうした不安は気のせいではなく、12月12日、北京市衛生健康委員会副主任の李昂は記者会見で、「発熱外来の患者数および流感様の感染者数が11日だけでのべ2・2万人となった。1週間前の16倍だ」と語り、新型コロナ感染急増が事実であることを裏付けた。

市民の感染拡大により、機能マヒに陥る地域が多く、たとえば北京市朝陽区のあるコミュニティでは、職員20人全員が感染し、清掃やガードマンなど含めて住民も数百人が感染し、コミュニティ内の衛生や安全管理ができてない状況も発生していた。また、葬儀場、火葬場が非常に混雑し始め、12月11日、12日に北京の葬儀館の職員の感染が続出したことにより、予定通りの火葬が進まず、遺体が火葬場に放置される状況が起こっていると、北京中医薬大学東方医院の職員がＳＮＳの微博で発信していた。

北京の主要な病院では、新型コロナ感染により、高齢者の死亡が増えており、霊安室がいっぱいで、遺体を安置しておく場所がないという悩みを微博で発信している遺族も少なくなかった。ネットには、遺体を火葬場に運ぶ黒い霊柩車が延々と並び、渋滞している様子の写真や、抗原検査薬や風邪薬、Ｎ95マスクなどが売り切れていることを示す薬局の看板の写真などがあふれていた。

華字ネット・ニュースサイトのアポロネットや大紀元では、中国問題専門家のゴードン・チャンのコメントを引用して、「中国はおそらく、感染症の『核の冬』に直面する。（ゼロコロナ政策という）予防に失敗したら、中国共産党にはもうプランＢがない」「この冬、１００万人が感染症で死ぬかもしれない」と報じ、中国共産党が有史以来の極めて厳しい試練の一つに直面する、と予言した。

「中国新聞週間」誌によれば、中国疾病予防コントロールセンターの元主任で、国務院の聯合防疫コントロールメカニズム専門家チームの一人でもある馮子健は12月6日、清華大学主催のオンライン討論会「いかに理性的にオミクロンに対応するか」の中で「最終的に我々の80～90％が感染するだろう」と語ったという。

馮子健は、感染予防策がどのように調整されても、我々の大多数が一度は感染することは免れえない、と語った。その上で3つのうまくやらねばならないことがあり、それは感染ピークを適切に制圧する措置、ピークに対応するための医療システムの事前準備、さらに基礎疾患と高齢者に対するワクチン接種の加速である、とした。

またゼロコロナ施策の緩和を示す新10条の措置については、公共衛生専門家として、緩和に従って大規模な感染拡大の衝撃に直面すると見ていた。「大規模感染は1、2カ月内に出現する」として、オミクロン株の感染性の高さに加えて元旦、春節休暇の人民大移動により今後数カ月は全国同時大規模感染が起こり、ピーク時は医療システムと社会的弱者が厳しい試練に直面するだろう、と指摘した。

香港大学バイオ医学学院教授でウイルス学専門家の金冬雁は個人的発言として、「個人で感染防護をしっかりすれば感染を避けられる。もし感染しても平常心で対応し、家で抗原検査して、5～7日、自主隔離すれば正常な暮らしに戻ることができる」と指摘し、冷静さを保つように呼び掛けた。

そのうえでハイリスクな医療関係者や高齢者らに対する4回目のワクチン接種を急ぐこと、春節休みに帰郷する場合、ピーク時の移動を避けること、帰郷途中は出来る限りマスク着用などの防護を厳重に行い、もし旅の途中に体の不調を感じた時は速やかに旅程を取りやめ、人の多い場所にできるだけ行かないなどの行動をとることが重要だとした。

共産党は強制的に行ってきた隔離措置を廃止し、人民は自分で防護策を考え、自分たちの判断で安全を守るように、という西側的な自己責任論に切り替えたというわけだ。

結果として、高齢者や弱者の死者が百万人単位で出たとしても経済回復に必要な措置をとる、という決断を下したと言える。

こうした厳しい試練を覚悟のうえで、ゼロコロナ政策の転換を打ち出した中国だが、その最大の理由は、大学で拡大する「白紙革命」の勢いに習近平自身が譲歩せざるを得なくなったからだという見方が強い。

だが少なからぬ大学では、こうした習近平政権側の譲歩によっても、完全に落ち着いたとは言えない。

12月11日夜、四川大学華西臨床医学院では、約100人の学生が、安い賃金で病院にバイトを強要されたとして、キャンパス内で「同工同酬（同じ仕事に同じ報酬）」「（春節休みの）帰省させよ」「ダブルスタンダード拒絶」「脅すな」などのスローガンで抗議デモを起こした。

さらに12日も、同様の理由で、わかっているだけで江西医学院、四川省川北医学院、雲南省昆明医科大学、江蘇省徐州医科大、南京医科大学、福建省福州大学の6つの医学系大学でもデモが起きた。彼ら医学生は実習の名の下に月額1000元という正規の医療従事者の10分の1以下の報酬で、N95など必要な防護装備も与えられない状況で、長期にわたりハイリスクな医療現場で医療雑務に従事させられていることへの不満を、デモの形で爆発させたのだった。

昆明医科大学では私服警官がキャンパス内に入りデモ隊と衝突し、流血の騒ぎも起きたという。だが、ほとんどの大学当局は学生たちの要求を受け入れる形で解散させたらしい。

これら医学生デモは「白紙革命」と違い、政治的なメッセージはスローガンにない。だが、大学における白紙革命が共産党当局の大きな譲歩を引き出した成功体験が招いた新たな学生デモと言える。とすると、今後、学生たちが次々と、要求をデモという形で当局にぶつけていく可能性もあった。

習近平は第20回党大会で政敵派閥の共産主義青年団派（団派）をパージし、また団派の長老、胡錦涛を党大会閉幕式で強制退席させるなどして、団派の政治的影響力の低下を国内外に印象づけた。

ところがその一方で、団派の根底を支える大学で習近平の予想を上回る大きさの抵抗運動が広がったことは興味深い。

第2章

習近平「平和外交」の正体

習近平・バイデン会談からスタートした「新時代」外交

中国の習近平国家主席と米国のバイデン大統領は2022年11月14日、インドネシア・バリ島において、双方が国家首脳の立場になってから初めて対面で会談を行った。習近平にとって米国首脳との対面での会談は3年5カ月ぶり。バイデンとの対面も5年ぶりという。そして、第20回党大会で総書記の3期目連任が決まってから初めて臨む、国際社会における「新時代」外交デビューの舞台でもあった。

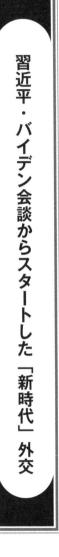

習近平は会談冒頭でバイデンと握手したとき、珍しくとびっきりの笑顔を国内外カメラに向けた。新華社は両首脳ががっちり握手して破顔する写真を配信した。これが一部の間で、習近平が第3期目は微笑外交に転じるのではないか、という期待を生んだのだった。だが、新華社の報じる会談における習近平の発言、バイデンの発言を見ると、不安しかない。

習近平はこの会談で台湾問題について、これまで使わなかったような強い表現で、米国に「越えることのできないレッドライン」という一線を引いて示してみせた。一方、会談後にはバイデンが、「中国にはすぐには台湾に侵攻する意図がない」という見方を発信した。これにもし根拠があるとしたら、バイデンが台湾問題に関して中国に何かしらの譲歩をした、ということではないか？

新華社報道を参考にすると、会談における習近平の発言は以下のようなものだった。

「目下、両国が直面している局面は、両国および両国人民の根本利益に合致しておらず、国際社会の期待にも合致していない」

「双方は歴史に対しても、世界に対しても、人民に対しても、責任ある態度を持ち、新しい時代に両国が双方にとって正しい道を模索し、中米関係を健全で安定的な発展軌道に戻し、両国を幸せにし、世界に恩恵をもたらそう」

「中国政府の国内外政策は透明で公開されている。戦略意図はごまかしがなく、明快で高度な連続性と安定性を維持している。中国は平和発展、開放発展、ウィンウィン発展を堅持し、グローバル発展に参与し、推進する者であり、各国と一緒に共同発展を推進していく」

「世界はまさに重大な歴史的転換点にある。各国はすでに未曾有の挑戦に直面し、未曾有のチャンスをつかまねばならない。我々はこうした高度な観点から、中米関係を処理せねばならない。……中米関係は、勝った、負けたの関係でも、こっちが隆盛で、そっちが衰退するのだというゼロサムゲームでもない。中米は、どちらかが勝利を得て挑戦し合うものではない」

「広い地球では中米が共に発展し、共同繁栄することができる。双方は相手の外交や内政の戦略意図に正しく対応し、対話を確立し、対抗せず、ウィンウィンになってゼロサムとならないことを交流の基調としていこう」

「中米は相互尊重を堅持し、平和共存、ウィンウィン発展に沿った関係を正確にナビゲートし、偏らず、失速せず、衝突しないようにすべきである」

これは習近平がかねてから米国に提言してきた「新型大国関係」、つまり米中両雄が並び立って世界を分けて支配していこうという考えに基づく発言と見ていいだろう。

だが、台湾問題に関する部分は、これまでにないきつい表現で米国に対して牽制をかけてきた。

「台湾は、中国の核心利益中の核心である。中米政治の基礎中の基礎である。中米関係の越えることのできないレッドラインである。台湾問題の解決は中国人自身が行うことであり、中国内政問題である。祖国統一を保ち、領土の完全性を維持することは、中国人民と中華民族の共同の願いである。いかなる者も、台湾を中国から分裂させようと思えば、それは中華民族の大義に背くことであり、中国人民は絶対に受け入れられない！」

「我々は終始、台湾海峡の平和と安定を望み、そのために力を入れる。しかし台独（台湾独立派）と台湾海峡の平和安定は、火と水のように相容《あいい》れない」

「自由、民主、人権は世界共同の追求であり、中国共産党も一貫して追求してきた。米国には米国式民主があり、中国には中国式民主があり、それぞれの国情に合致している。中国の人民民主は中国の国情、歴史、文化を基礎にしており、人民の願いを体現し、我々も同様に誇りに思っている」

「いわゆる民主（主義）と権威（主義）の対抗というのは、現在の世界の特徴ではないし、時代の発展の潮流にも合致していない。米国は資本主義で、中国は社会主義だ。双方が異なる道を行く。この種の違いは今だけ存在するものではなく、今後も続く。中米にとって互いに重要なのは、この違いを受け入れ、尊重することだ。一律を強制せず、相手側の制度を改変したり、ましてや転覆させようとしたりしないことだ」

「中米は歴史、文化、社会制度、発展の道が異なる2つの大国であり、過去も現在も差異と対立がある。今後もあるだろう。しかし、それは中米関係の発展の障害にならない。いかなる時代も世界には競争があるが、競争は相互を鑑《かがみ》とし、追いつ追われつ、ともに発展していくものだ。勝ち負け、生死を決めるものではない」

「中国は自強《じきょう》不息《ふそく》の栄光の伝統がある。すべての弾圧、抑制は、中国人民の意志と熱情を刺激するだけである」

台湾問題を「核心利益」と中国が呼ぶのは2001年からだが、「核心利益中の核心」「米中政治の基本中の基本」として越えることのできないレッドラインを米国に認めさせ、言質《げんち》をとろうとしたのは、私の知る限り、公の外交の場では初めてだろう。そして、このレッドラインは、「台湾を中国から切り離そうとすること」「『台独』（台湾独立派）を支持すること」と具体的に定義してきた。

バイデンは台湾問題について、「台湾海峡のいかなる一方的な現状の変化にも反対し、中国が台湾に対して威嚇《いかく》し、行動を迫らせるような行動をとることに反対する。こうした行動は、台湾海峡と地域の平和、安定を破壊する行為であり、グローバルな繁栄を危うくする」（ホワイトハウス側発表）と発言したという。

つまり台湾海峡の最近の不安定化は、中国が台湾に対して武力統一をチラつかせて脅していることが原因である、中国のせいだ、と非難したのだ。

これに対する習近平の主張は「『台独』と台湾海峡の平和安定は、火と水のように相容れない」であり、台湾問題の中国内政化を認めるようにバイデンに迫った。

習近平としては、台独が台湾海峡の不安定化の原因であり、中国はみだりに戦争を仕掛けようとしているのではなく、台独を排除するのが台湾海峡安定のために必要な自らの責任であると考えている、というわけだ。

そうして新華社の報道によれば、バイデンはこう返答している。

「米国は中国の体制を尊重し、中国の体制の改変を求めず、新冷戦も求めず、盟友国との関係強化を通じて中国に反対することも求めないし、台湾独立も支持しない。『一つの中国』『一つの中国、一つの台湾』も支持しないし、中国と衝突するつもりもない」

「米国は中国とのデカップリングを求めるつもりもないし、中国の経済発展を阻害するつもりも、中国を包囲するつもりもない」

「米国政府は『一つの中国』政策を掲げ、台湾問題を中国に対する牽制の道具に利用しようとしておらず、台湾海峡の平和安定を望んでいる」

バイデンは、習近平にこれだけ約束したのだから「中国はすぐに台湾進攻する意図はない」と考えたのだろうか。

新華社の報道にウソがないという前提で言えば、この会談において、習近平はレッドライン（台湾独立支持）を越えないようにバイデンに求め、レッドラインを越えない限り、現状を変更するアクションは当面とらない、とした。そしてバイデンからレッドラインを越えないという言質を得て、中国はバイデンに、台湾問題の内政化を認めさせることに成功した、と考えた。

さらに、米国は普遍的な人権問題の視点で台湾問題に介入しないように、と中国式民主を主張し、中国の国情、歴史、文化に沿った中国式民主を中華民国・台湾にも当てはめるようなロジックを延々と説明するのだ。

だが問題は、習近平の言う「台独」と、バイデンが支持しないという「台湾独立」の定義のすり合わせができているか、ということだ。

中国の事情通の意見をまとめると、中国の考える「台独不支持」には、台湾の民進党政権を支持しない、民進党政権が率いる台湾に武器供与・国防支援をしない、ということも含まれていると思われる。習近平の言う台独派とは、「92コンセンサス」（中台が「一つの中国」原則を確認したとする合意）を認めない民進党政権そのものだからだ。

だが、米国は民進党政権の台湾への武器供与や国防支援を止めるつもりがあるのだろうか？

米議会の超党派諮問機関「米中経済安全保障調査委員会」は11月15日、異例の3期目任期に入った習近平政権への強い懸念を示し、「台湾海峡における危険な不確実性を助長している」と警告する年次報告書を公表。台湾有事を想定した体制整備を行うよう米政府に初めて提言している。

バイデンが習近平にどのように答えようと、議会を無視して米国政治は決められない。では、米国が議会の方針に沿ってレッドラインを越えてくれれば、習近平の立場としては米国との武力衝突も辞さず、ということにはならないか。バイデンに約束を破られたということになるのだから、人民の手前、習近平は米国に弱腰、妥協姿勢をますます見せられなくなろう。

3時間以上も会談したのだから、おそらくはもっと突っ込んだやり取りがあっただろう。バイデンが「習近平は、すぐには台湾に攻めてくるつもりはなさそうだ」と判断したとしたら、その「すぐ」とはどれほどの時間を想定しているのかも不明だ。２０２４年の台湾総統選までは大丈夫、という意味で「すぐではない」なのか。次の総統選で民進党政権が変われば、台湾有事はさらに遠のくと考えているのか。

新華社が、習近平とバイデンがいかにも旧交を温めたような笑顔の写真を配信したとか、バイデンが台湾問題の内政化を認めたふうな発言をしたと報じたとか、いかにも米中対立緩和のサインが出されたように受け取られているが、私はむしろ、バイデン政権の出方、習近平の出方に、より不確実性が強まり、緊張感がより張りつめられていく気がした。

史上最高かつ最大規模の中東外交を始動

習近平がバイデンとの会談から3期目の「新時代」外交をスタートさせたので、米中関係が緩和されるという期待があった。この米中首脳会談を成功させた功績で、駐米大使だった秦剛が外相に出世したからだ。駐米大使から外相に直接昇進する例は、極めて珍しい。普通なら外交部の次官クラスとしていったん国内職務について、翌年3月の全人代で正式に外相に就任というパターンだ。こうした異例の直接、前倒し人事が行われたのは、中国の習近平政権の外交が米国重視であろうという予測を生んだ。だが、私はむしろ、この人事は習近平の対米政策に不確実性が増したことを反映していると見ている。なぜなら外交トップの王毅は本来の定年年齢を超えた69歳で政治局委員に昇進し、習近平の意志を直接外交に反映させる役割を担っていることが見てとれるからだ。

習近平は米国をより怒らせ、苛立たせる外交方針をとる可能性があり、その米国からの批判、非難の矢面に立たされるサンドバック用に、米国通の秦剛が起用されたのではないか。そういう私の予測を裏付けるように、習近平は米国の嫌がる外交を始動させてきた。その一つが中東外交だ。

12月7日から10日、習近平国家主席はサウジアラビアを国事訪問し、また現地で開催された第1回中国―アラブ国家サミット、第1回中国―湾岸アラブ国家協力委員会サミットに出席した。

これは習近平が第20回党大会で3期総書記連任を決めた後の初の習近平中東外遊であり、新中国設立後、中国がアラブ世界に対して行った最大規模かつ最高レベルの外交アクションといわれた。

習近平はアラブ外交の準備を、かなり時間をかけて行い、その成果も期待され、世界の注目を浴びていた。

国内外世論は、習近平が中国―アラブ、中国―湾岸、中国―サウジの三つの首脳会談を同時に行うことは、中国外交の新たなビッグアクションであり、時代のマイルストーンの意義があると見ている。

成果としては主に３つ。

①歴史的意義　二大文明（中華文明とイスラム文明）の相互理解と相互交流

「これは伝承の旅であり、創始の旅でもある。目的は中国―アラブ、中国―湾岸、中国―サウジの伝統的友好を発揚し、中国とアラブ世界、湾岸アラブ国家、サウジアラビアとの関係の新時代を開くことだ」

12月８日、習近平がサウジアラビアの「リヤド新聞」で発表した「１０００年の友好を伝承し、ともに美しい未来を創ろう」と題した署名原稿の中で、こう述べている。

１０００年という時間の幅は、習近平がサウジアラビア外遊で何度も言及していた。

中国―アラブ関係について、習近平は「中国とアラブ諸国の交流は２０００年以上前にさかのぼる」と語り、湾岸諸国との関係についても2000年近い友好的交流の歴史があると語った。

サウジアラビアとの関係については、「古来、中国とサウジとは互いに褒《ほ》め称《たた》え合い、友好の往来を行ってきた」と語った。

そして、過去の歴史から智慧《ちえ》とパワーを汲み取り、さらに明確な方向に前進させていくとした。

1000年の歴史という長い流れの中で、中国―アラブの二大文明はアジア大陸の両端で共に輝き、シルクロードでお互いを知り交流し、民族解放の戦いの中で困難を共にし、経済のグローバル化の波の中で共に協力しウィンウィンとなって、国際社会の風雲急を告げる変化の中でも同義を守り、東西融合し、互いに学び、互いを鑑としてお互い助け合う素晴らしい物語を書いてきた。

本当の文明とは、お互いを理解し尊重することだ。目下の国際情勢の下、中国―アラブは共に平和、発展、公平、正義、民主、自由の全人類の共同価値を発揚し、新時代の文明交流の模範を樹立し、1000年の友好の伝統継承だけでなく、さらに重大な現実的意義と、深い歴史的意義を持つようになっている。

②現実的な観点：変局の中での戦略的選択

「目下、１００年に一度の変局が加速し、世紀の疫病が繰り返し蔓延し、世界は新たな動揺変革期に入った。第１回中国―アラブサミットの開催は、双方が目下の情勢の下、団結協力の戦略的選択を強化することである」

習近平の今回のサウジ訪問、特に中国―アラブサミットについて、中国外交部はこう語った。

目下、中国は全面的な社会主義現代化国家建設の新たな旅路に踏み出し、中国式現代化によって中華民族の偉大なる復興を全面的に推進している。アラブ国家も民族振興実現に直面し、国家発展の歴史的任務を加速させている。歴史の相似に遭遇し、同じ発展の夢を見て、相互に信頼し支持し、中国―アラブ間は相互に惹《ひ》かれ合い、共に歩むことを堅く定めた。

過去10年、中国―アラブ関係は新時代に入り、各領域で一連のシンボリックかつ突破的な成功を成し遂げた。経済貿易領域では過去10年、中国―アラブ間で１０００億ドル規模の成長があり、およそ貿易総額３０００億ドルを超えている。中国のアラブ国家に対する直接投資は、2・6倍成長、その累積額は230億ドル。一帯一路の200以上のプロジェクトを共に建設し、双方20億人民が恩恵を受けている。こうした実質的な深い成果が、中国―アラブの強力で巨大な潜在力を示している。

サウジアラビア訪問では、習近平は双方が相助け合い、平等な利益をお互いに得て、中国―アラブ友好精神を互いの鑑として、4つのやるべきことをもって、さらに緊密な中国―アラブ運命共同を構築するために道筋を示し、中国―アラブの実務協力として8大共同アクション、中国湾岸協力として五大重点領域を打ち出し、各方面からポジティブな反応を得た。

成果は豊富で、素晴らしい。「十分に上海石油天然ガス公益センターのプラットフォームを利用した、石油ガス貿易の人民元決算」「5G、6G技術協力」「湾岸協力国家の宇宙飛行士を中国の宇宙ステーションに歓迎する」など、中国側の表明は、国際世論の高度な注目と熱い議論を呼んでいる。一つひとつの宣言、共同声明、協力文書によって、さらに、中国―アラブ、中国―湾岸、中国―サウジアラビアの団結協力に積極的な願いが込められている。

中国―アラブ国家人口は世界の人口の四分の一を占め、双方の協力強化により、国際政治、経済、文明のフレームワークについて重大な意義を持つ。中国―アラブ、中国―湾岸、中国―サウジの３つのサミットでは、団結協力、相互尊重、平等な対応、互恵互利のウィンウィンこそが、国際社会の人心の向かうところであり、大勢の向かうところである、と十分に表明した。

③未来に向けて：運命を共にし、大通りを行く

新時代の中国―アラブ運命共同体を全力で構築することで一致し、中国―アラブ団結協力、各自の民族復興への助力、地域平和の発展促進、国際公平正義の維持の強化を旨とし、人類運命共同体構築のために貢献する、それが「第１回中国―アラブサミットのリヤド宣言」に書き込まれた。

１００年に一度の大変局において、中国とアラブ国家が宣言した運命共同体構築の連携は、人類運命共同体構築理念を世界に打ち出し、日増しに広汎な認知を得て歓迎を勝ち取っている。これは人類運命共同体構築が推進され、共通認識となってアクションに変化し続けていくことを予期している。

習近平国家主席が国際社会に対し、人類運命共同体構築理念を提示してから、すでに10年。この10年、元首外交のリーダーシップによって、中国の特色ある大国外交はダイナミックに、人類運命共同体構築理念を一貫して推進してきた。

2022年を振り返ると、年初の冬季五輪から年末の元首外交月まで、人類運命共同体構築を旗印に推進し、中国外交の成果は累々と蓄積されている。中央アジア、東南アジア、中東の外遊と続き、中国と関係国は双方が運命共同体、地域運命共同体を共に建設することについて、重要な成果を達成している。

第20回党大会の報告では、人類運命共同体構築は世界各国人民の前途の向かうところである、としている。このサウジアラビア外遊も再び世界に対し、「未来に向かい、人類運命共同体構築という明るい大通りを、中国は世界のすべての進歩的パワーと手を携えて歩み続けるのだ」と示したわけだ。

習近平の狙いは、新興国、途上国陣営を統括する国際社会のリーダー「世界級領袖」として、米国と対等に渡り合い、新たな国際社会の枠組みを構築し、新たなルールメーカーとして世界に君臨することだろう。

まずは、米国を中心とするＮＡＴＯや開かれた自由なアジア太平洋陣営から、中国が経済的、安全保障的にデカップリングされていく中で、中国はユーラシア、中央アジア、南アジア、東南アジアあたりを固めて対抗していくつもりと見られる。

ここで中東・イスラム勢力の中国との距離感が、世界の注目点であり、リヤド宣言を見るに、やはりアラブ世界は中国寄りのようだ。というより、米国に対する不信感が強い。アラブ諸国もヒエラルキーの強い部族社会であり、本来は、習近平的独裁、権威主義国家と相性が良い。

サウジ側と中国の調印には、全面的戦略パートナーシップ協議が含まれており、エネルギー、人工知能、反テロなどの領域協力が盛り込まれていた。

また、アラブ21国家指導者とアラブ首長国連邦が参加する中国―アラブサミットで採択されたリヤド宣言で「新時代の中国アラブ運命共同体構築」という言葉が盛り込まれた。中東世界は中国と運命共同体で行くという。

この宣言では、台湾や香港についての言及もあり、台湾が中国領土の不可分の一部であり、一切の形式の台湾独立に反対する、という文言も盛り込まれた。また香港問題における中国の立場も支持され、中国側が「一国二制度の枠組みで国家安全を維持し、香港民主をより良く発展させる努力を支持する」となった。

習近平はサミットで、今後3~5年の間に、双方が、食糧安全、衛生健康、エコ・イノベーション、エネルギー安全、文明対話、青年人材育成、安全安定の8領域で「8大共同アクション」を推進すると打ち出し、それが中国アラブ運命共同体実現の第一歩と位置付けられた。

そして、中国としての大成果、というのが石油天然ガス支払いの人民元決済だ。この人民元決済拡大の動きは、第4章で詳述しよう。

イタリア国際政治研究所（ＩＳＰＩ）のシニア研究員のナセル・アル・タミーミによる分析では、リヤド政府は、ワシントンが気にしている領域についての国防、電信（5Ｇインフラ）、各エネルギーなどの方面では、なかなか慎重で、サウジアラビア側の態度も、「まだら」な濃淡が見える、とのこと。特にサウジアラビア外相のフェイシャールが12月10日、中国との兵器製造・購入方面での協力深化は、今回の会談の重点ではなかった、あくまで経済関係が中心、とわざわざ言及しているのは米国への配慮かもしれない。

サウジと中国は、多くの戦略的経済協力協議に調印しているが、ほとんどがエネルギー利益を基礎にした関係。エネルギー関係は両国の核心だ。そして、サウジにとってはムハンマド王太子が提唱する「2030年展望」の改革・経済多様化プロセスを実現するために、中国との関係強化は必須。またファーウェイが湾岸国家の５Ｇ建設に参与し、サウジとファーウェイがクラウドコンピューターとハイテク都市建設の備忘録に調印している。

アラブ諸国はイスラム教徒の国だが、中国のウイグル弾圧に関しては、なんの言及もなかった。それどころか、ネット上で、習近平はサウジ国王への手土産として二人の若いウイグル人を（臓器移植用に）プレゼントした、という噂まで流れた。国王のＨＬＡの型に合わせた人選だったとか。ソースは「３０１軍事病院関係者」を名乗っているが、折しも86歳のサルマン国王が検査入院したという現地紙の報道もあって、その噂を信じる人も多かった。

中国の臓器移植を中東の王族がよく利用するというのは本当らしい。欧米ではなく、中国にわざわざ来るのは、ハラールオルガン、つまり豚肉など食べないイスラム教徒の臓器が手に入るからだ。つまり、ウイグル人の臓器だ。噂の真偽はひとまずおいておき、中東の王族支配国家は、ウイグル人の人権問題など何の関心もないというのは事実だろう。

サウジとイランの和平を仲介する

この中東外交は年明けの2023年3月、サウジアラビアとイランの北京における外交関係回復宣言という形で、大きく発展する。これは中国の全人代（全国人民代表大会、国会に相当）開催期間中（3月5日～3月13日）に、電撃的に発表された。

全人代最中の3月10日、北京でサウジアラビア、イラン、中国による三国共同声明が発表され、サウジアラビアとイランが7年ぶりに外交関係を正常化させることを含む協議に調印した。これは「習近平の大国外交の勝利である」と、中国国内メディアのみならず国際メディアもポジティブに報じた。

中国の呼びかけに応じ、3月6～10日、サウジアラビア国務大臣で国家安全顧問のムサード・ビン・モハメド・アル・アイバンと、イラン最高国家安全委員会秘書のアリ・シャムハニ、それぞれ率いる両国代表団が、北京で会談を行っていた。

中国、サウジ、イランの3カ国による共同声明では、サウジとイランの間で、外交関係の回復に同意し、２カ月以内に双方が大使館と代表機構を開設し、相互に大使を派遣し、二国関係強化のために模索するという内容を含む協議が調印された。両国が２００１年に調印した安全協力協定、１９９８年に調印した経済、文化領域での協力全体協定も再始動する、とした。

サウジとイランは２０１６年に断交した。緊張緩和のために、両国は長期的な対話を続けていたが、イランは２０２２年12月、サウジがイランの国内抗議活動を支持していると非難し、対話は一度、暗礁に乗り上げた。

２０２２年12月といえば、すでに述べた通り、習近平がサウジアラビアを7年ぶりに国事訪問し、中国・アラブ諸国サミットなどにも出席して、中東地域の「火種」問題解決に取り組む姿勢を見せていた。

このとき、イランは中国とサウジの接近に猛反発したのだが、習近平はすぐさま当時副首相の胡春華をイランに派遣し、ライシ大統領に事情を説明し、早急に手当てを行った。イラン側の怒りは収まり、ライシ大統領は2月に訪中。中国の仲介によるサウジ・イランの関係修復の道が開かれた。

ちなみに、サウジはウクライナに4億ドルの支援を表明し、イランはロシアにドローンなどを供与して急接近している。サウジとイランの関係修復は、ロシア・ウクライナ戦争が中東問題に波及するリスクも、緩和、予防できたことになる。

環球時報は、専門家（蘭州大学一帯一路研究センターの執行主任、朱永彪）のコメントを引用する形で両国の関係修復を次のように高く評価した。

「サウジとイランはそれぞれイスラム・スンニ派とシーア派を代表し、双方は長期間に矛盾が存在、さらに西側国家（米国）の挑発が加わり、両国関係は一度、破綻に追い込まれた。今回の双方の協議の合意は、イスラム国家内部の矛盾を緩和したという重要な意義があるだけでなく、中東情勢の改善にポジティブな影響力を発揮するものだ」

中央政治局委員で党の外交最高責任者である王毅は、北京でのサウジとイランの対話閉幕式のとき、「サウジとイランの関係改善は中東地域の平和安定の道を切り開き、対話交渉を通じた国家矛盾対立を解決するモデルとなった」と胸を張っていた。

上海外語大学中東研究所助理研究員の文少彪は、この中国の和平斡旋外交がパレスチナ、イスラエル、イエメン、シリア、リビアの内戦の緩和と解決に向けてポジティブな波及作用がある、とまで語っていた。

中国メディアだけでなく米ＡＰ通信も「この協議合意は中国外交の重大な勝利だ」と評価し、米ＣＮＢＣサイトも「中東地域情勢全体の緩和に大きな助けとなり、内戦が続くイエメンもおそらく両国関係の改善で停戦を迎えるのではないか」「このことは、中国がこの地域で新たな役割、特に（和平の）仲介者としての役割を持ったことを反映している」との専門家のコメントを報じた。

だが、世界の平和の実現という点ではグッドニュースであるが、米国が湾岸地域から撤退せざるを得ない状況の中で、その空白を埋める形で中国のプレゼンスが強化されることの地政学的な意味を考えると、米国やその同盟国である日本にとっては心穏やかでないところも大きい。

しかも、この流れで、習近平は全人代終了とともに、ロシアを訪問してプーチンと会談する。後述するが、中国はロシアとウクライナの停戦仲介に向けたプロセスも見据えて、この中東アジア和平に取り組んでいたとも言える。このロシア・ウクライナ和平における中国の仲介の可能性については当初、西側諸国は懐疑的だった。

だが、イラン・サウジの電撃的な外交関係回復が中国の仲介で実現した今、中国の影響力を過少評価しないほうがいいかもしれない、という空気が一気に高まった。

ここで、全人代における秦剛外交部長（外相）の記者会見の内容に少し触れておく。秦剛は「『中国式現代化』は国際社会のホットワードだ。……これは人類社会の多くの難問を解き、現代化＝西洋化の迷信を打破し、人類文明の新たなスタイルを創造し、世界各国、とくに多くの途上国に、主に5つの点で重要な啓示を与えることだろう」と語った。

わかりやすく言うと、こういうことだ。西側の現代化は民主主義の押し付けであるが、中国式ならば、たとえ西側から見て人権や差別問題があっても、それを独自の文化・文明・国情という理由で包容できるし、共同富裕だから富裕層や先進国だけをのさばらせることもなく、異なる意見を排除するから常に団結奮闘でき、争うこともない。中国式現代化ならば、中東や中央アジア、東南アジアやアフリカの部族社会から発展した権威主義的な国家も、西側の価値観の押し付けに反感を抱くイスラム社会も、受け入れやすかろう――。

繰り返すが、習近平の大国外交の最終目標は、途上国、新興国が西洋化ではなく中国式現代化を選択し、そうした国々が中国朋友圏を形成し、それによって米国およびその同盟国陣営とわたり合い、最終的には中国式の国際社会の新秩序、フレームワークを再構築することだ。

秦剛の表現を借りれば、「人類運命共同体構築、一帯一路建設、全人類共同価値観、グローバル発展イニシアチブ、グローバル安全保障イニシアチブなどの理念の核心は世界各国の相互依存であり、人類の運命を共にし、国際社会が団結せねばならない」「習近平主席は世界、歴史、人類の高みからグローバル統治の正しい道を指し示している」ということだ。

中国の外交は、これまでは内政のための外交、つまり国内の団結や党の求心力を高めるための外交パフォーマンス、と言われてきたが、習近平の「新時代」外交は本気で「世界領袖」の高みを目指している。そして、それを「平和外交」というキーワードでオブラートに包むことで、あたかも国際社会のための正しい外交という風に見せようとしているのだ。

ちなみに秦剛は、ロシア・ウクライナ戦争については「残念なことに、平和に向けて対話を促進する努力は繰り返し破壊され、まるでウクライナ危機をある種の地政学的陰謀に利用しようと、紛争をエスカレートさせようとする『見えざる手』があるようだ」と語った。言うまでもなく米国に対する揶揄《やゆ》だ。

習近平3期目が全人代を経て全面的に始動し、私は習近平のスターリン化を恐れていたのだが、習近平は今や、ノーベル平和賞にノミネートされてもおかしくないぐらいのピースメーカーの役割を演じているのだ。

実際、米国こそ他国を引っかき回して戦争を起こすウォーメーカーではないか、と言われて、そう思う人も少なくなかろうし、そういう人が中国に期待を寄せることもあるだろう。

だが、ウイグル・ジェノサイドを行い、香港の自由を弾圧し、民主化活動家や宗教家、人権弁護士らを〝失踪〟させてきた習近平体制が行う「平和外交」が、本当に私たちの考える「平和」をもたらせるものなのか。それとも、警察が仕切ろうがヤクザが仕切ろうが、治安を維持できて金儲けができるのであれば同じ、というのか。習近平の中東外交の成果がそうしたテーマを私たちに突き付けたのである。

親ロ外交復活とウクライナ和平

習近平は全人代が終わると、すぐにロシアを国事訪問した。

日程は3月20日から3日間。中国外交部はこれを「平和の旅外交」と名付けてメディアに発表した。

20日夜に行われた4時間半の非公式会談、続いて21日に公式会談が行われた。双方は「新時代の全面的戦略協力パートナーシップ関係深化に関する共同声明」に調印。プーチンは、習近平の提案するロシア・ウクライナ間の和平協議案「ウクライナ危機の政治解決に関する中国の立場」12項目についても歓迎の意を表し、和平協議に前向きな姿勢をアピールした。

習近平がロシアに携えていった和平協議案12項目は2023年2月24日、中国外交部がすでに発表していた。具体的には以下のようになる。

①各国の主権を尊重：国連憲章の趣旨と原則など公認の国際法は厳格に守られるべきであり、各国の主権、独立、領土保全は確実に保障されるべきである。

②冷戦思考の排除：一国の安全を保障するために、対価として他国の安全保障に損害を与えてはならない。地域の安全を軍事集団の強化ないし拡張によって保障してはならない。

③戦闘の停止：紛争と戦争に勝者はいない。ウクライナ危機の一層の悪化や暴走を回避すべきである。

④和平交渉の開始：対話と交渉はウクライナ危機を解決する唯一の実行可能な活路である。中国はこのことに向け、建設的な役割を引き続き果たしていきたい。

⑤人道上の危機を解決：人道上の危機の緩和に役立つあらゆる措置は奨励され、支持されるべきである。

⑥民間人と捕虜を保護：紛争当事者は国際人道法を厳格に順守し、民間人や民間施設への攻撃を避けねばならない。

⑦原子力発電所の安全を確保：原子力発電所など平和目的の原子力施設への武装攻撃に反対する。

⑧戦略的リスクを軽減：核兵器は使ってはならない。核戦争を起こしてはならない。

⑨食糧の海外輸送を保障：各国はロシア、トルコ、ウクライナ、国連が締結したウクライナ産穀物の輸出についての「黒海イニシアチブ」を、均整をとりながら、全面的かつ効果的な形で実行すべきである。

⑩一方的制裁を停止。

⑪産業チェーン・サプライチェーンの安定を確保：各国は既存の世界経済システムを確実に守らねばならない。世界経済を政治化、道具化、武器化することに反対する。

⑫戦後復興の推進：国際社会は紛争地の戦後復興を支援するための措置を講じねばならない。

一読してわかるように、習近平の12項目提案の中には、ロシアのウクライナからの全軍撤退条件など肝心の中身がない。むしろ習近平の提案は圧倒的に、ロシアに配慮したものである。

この習近平訪ロのタイミングで、日本の岸田文雄首相が、5月のG7広島サミット議長国として、ウクライナを電撃訪問していた。ゼレンスキー大統領と会談し、日本の揺るぎない連帯の意思を示し、殺傷能力のない装備品3000万ドル（40億円）分をNATOの基金を通じて供与すること、そして日本とウクライナの関係を「特別なグローバル・パートナーシップ」に格上げすることに合意した。習近平政権はプーチンとの会談後、ゼレンスキーとも会談（電話会談も含め）する方針を公にしていたが、この12項目の条件では、ウクライナが中国側の提案に乗ってくることなどあり得ない、と思われた。だとしたら、この習近平の自称「平和の旅外交」の狙いは何なのか。

新華社の報道をもとに、習近平、プーチンの会談の中身を整理すると、3月20日夜、4時間半にわたる非公式会談がまず行われた。このとき、プーチンは習近平に「親愛なる友人よ」と呼びかけ、2人の個人的関係の親密さをアピールした。

そして、翌21日午前に正式会談が行われた。この会談で、中国―ロシア間の「新時代の全面的戦略協力パートナーシップ関係深化に関する共同声明」に調印し、発表した。また「2

０３０年にいたるまでの中ロ経済協力の重点的方向発展計画に関する共同声明」も発表された。

会談の中身としては、ウクライナ問題について双方は、国連憲章の宗旨と原則遵守、国際法の尊重は必須だという認識を共に示した。

ロシア側は中国側のウクライナ問題に関する「客観公正な立場」をポジティブに評価。双方は、国家あるいは国家集団が政治的優位性を求めて他国の安全・利益に損害を与えるあらゆる行動に反対するとした。

さらに、ロシア側は和平協議を早急に再開するために力を尽くすと繰り返し述べ、中国側はこれを賞賛した。ロシア側は中国側が政治外交ルートでウクライナ危機に積極的な影響力を発揮することを歓迎し、「ウクライナ危機の政治解決に関する中国の立場」文書に記された建設的主張を歓迎する、とした。

また双方は、ウクライナ危機解決について、陣営の対抗を形成すること、火に油を注ぐようなことを阻止しなければならないと指摘。責任ある対話が問題を解決する最前の道であると強調した。このため、国際社会は解決に向けた建設的努力を支持するべきだとした。

双方は、情勢を緊張させ、戦争をずるずる引き延ばすような行いを一切やめさせようと呼びかけ、危機が悪化してコントロール不能となるようなことを回避すべきだとした。また、国連安保理が権利を授けていない、いかなる一方的制裁にも反対する、とした。

習近平は会談後の共同記者会見で、中ロ関係について「両国関係はもはや二国間の範囲を大きく越え、世界の枠組みと人類の前途・運命にとって非常に重要なものになっている」「新たな歴史的条件のもと、双方が広い視野をもって、長期的な視点で中ロ関係を把握し、人類のために事業を進歩させ、さらなる貢献を行う」と語った。

さらに「私とプーチン大統領は、双方が統疇設計、頂層計画（一体化設計とトップレベル計画＝指導部が統一的、包括的に設計、計画したものを、トップダウン方式で行うやり方）を強化し、エネルギー、資源、機械電気製品の貿易を拡大し、双方が産業チェーンの強靭性を増強し、情報技術、デジタル経済、農業、サービス貿易の領域での協力を開拓し、伝統的貿易と新興領域で協力を推進し、補い合い、発展を共に歩み、国境物流運輸をさらにスムーズにするというコンセンサスを得た」と語った。

双方は共に国連安全保障理事会の常任理事国として、継続して国際社会と共に、国連憲章の主旨と原則を基礎にした国際関係の基本準則をしっかり守っていくこと、上海協力機構（ＳＣＯ）と新興5カ国（ＢＲＩＣＳ）の協力の枠組み、G20などの国際的な多極的フレームワークの中での協力を強化し、ポストコロナの経済回復を促進し、多極的な世界の枠組みを構築し、グローバルガバナンス体系を整備する建設的パワーを強大化し、世界の食糧安全保障、エネルギー安全保障、産業チェーンの安定を守る面で多くの貢献をし、力を合わせて人類運命共同体の構築を推進していく、とした。

この新華社の報道からこの会談の本当の狙いをどう解釈するかについては、多くの異なる見方があろう。

プーチンから和平協議に前向きの発言を引き出した、とポジティブに評価する声がないわけでもない。ロシア軍撤退の言及はまったくないが、少なくとも協議中は停戦となり、一歩前進ではないか、と考える人もいるだろう。

またゼレンスキー自身も習近平との直接会談を望んでおり、中国に一定程度の期待を寄せている。たとえ、その目的が、中国がロシアに武器供与しないように念を押すことだとしても、そこで何らかの妥協や譲歩を習近平が引き出せないとも限らない。

ただ、私自身は、習近平の発言からすごく不穏な言葉遣いを拾ってしまう。

習近平とプーチンのコンセンサスの中に、統疇設計、頂層計画という言葉が入っているが、これはトップによる管理コントロール強化、つまり独裁強化を意味するキーワードだ。

習近平、あるいはプーチンが決定して2人で決めていく、というニュアンスが感じられる。

その独裁国家がエネルギー、資源を中心に経済協力、物流をさらに強化するということ。さらに言えば、中ロの二国関係は単純に二国間だけの関係ではなく、世界の枠組みと人類運命共同体の構築にかかわる重要な関係と形容しているのも気になる。つまり、2人の独裁者が協力して新たな国際社会の枠組みをつくっていこう、と言っているようにも見える。

習近平が米国から国際社会のルールメーカー、リーダーシップを奪いたいと願っていることは、今さらの話だ。そのために形成する中国朋友圏を一帯一路沿線に拡大していくのが習近平の青写真だが、それに対してロシアは、長年、中国と最も長い国境を接する隣国としてそれなりに警戒心を持っていた。だから、中ロ関係は「同盟を結ばず、対抗せず、第三者を標的にしない」という原則が維持されてきた。

だが習近平は2022年2月、プーチンが訪中したとき、「上限のない協力関係」を打ち出した。これは事実上「中ロ準同盟」ということではないか、と警戒された。その後、ロシアとウクライナ戦争の泥沼化で、中国ではロシア専門の外務次官が左遷され、党内で習近平の親ロシア外交路線を阻止しようとする動きが出た。だから、中国はロシア・ウクライナ戦争については、中立維持の立場をとり続けてきたのではないか。

習近平が総書記、国家主席の3期連任に成功し、独裁化をさらに進める動きになったとき、親ロ外交が復活してきたのではないだろうか。この全人代直後のロシア訪問の本当の意味は〝親ロ外交路線の復活表明〟と受け取っていいのではないか。

では、習近平はなぜ親ロ外交にそこまで固執するのか。

1つの理由は、習近平のプーチンに対する個人的感情があるだろう。

CCTV（中国中央テレビ）が流した中ロ首脳会談直前の映像の中に、プーチンが習近平に「中国が羨ましい」と語った場面があった。なぜなら「中国は非常に効果的な政治体制システムを打ち立て、経済を発展させ、国家実力を増強させたからだ」という。

そのときのプーチンの老いてむくんだ俯き加減の顔と、習近平の嬉しそうな顔は、なかなか印象深かった。習近平が個人的にプーチンに憧れている、という話は、複数の党内関係者から聞いたことがあるが、本当だったのだな、と思った。

プーチンは、ゴルバチョフによって崩壊寸前に陥ったロシアを立て直したし、つねに厳しい決断を迷いなく行ってきたという点で、習近平にとって憧れの政治家だったと言われている。さらに、ウクライナ戦争の戦況がこれだけ厳しくなっても西側にノーと言い続けるその強さも、習近平がプーチンに好感を抱く理由であるという。

そのプーチンに「強い中国をつくった」と羨ましがられるのだから、習近平は自分のやり方に自信を持ったことだろう。

もう1つが、ロシアの惨敗を何としても避けることが中国習近平体制にとって重要だということだ。

ロシアの惨めな敗戦はプーチン体制の崩壊を意味する。プーチンは戦争犯罪人として裁かれ、その体制崩壊後に親米政権ができたりすると、中国としてはこれほど危ういことはない。

ロシアを敗戦させないシナリオは2つ。ウクライナにロシア・プーチンの面子を守る形で和平協議を調印させること、あるいは中国による本格的軍事支援によって戦況をロシア有利に逆転させたのちに、ウクライナに和平条件を飲ませること。

気になるのは、米国が2月、中国が殺傷力を伴う支援をロシアに提供することを検討している、と警告したことだ。中国はそれを完全否定しているが、ロシアに武器供与する選択肢は習近平3期目再選とともに再検討されていたかもしれない。

あるいは、中国としてはそういう情報を流すことで、ウクライナ側が提示する和平協議の条件のハードルを低くさせる狙いがあったかもしれない。つまり、中国がロシアに武器供与する可能性をウクライナにほのめかし、そうなれば戦況が大きくロシア有利に傾くので今のうちに和平協議に応じたほうがよいのではないかと思わせよう、ということだ。あるいはＥＵ向けに和平への努力をアピールし、ＥＵとの関係改善を狙っているという意見もある。

いずれにしろ、習近平の本当の願いはプーチンの立場を守ることだろう、と私は見ている。

だが、独裁者の個人的歴史観で他国への侵略戦争を行うような国家に対し、その責任を何ら問わないような国際社会であれば、同じパターンの侵略戦争はまた繰り返される。この戦争は、ウクライナが勝利し、プーチンの退場という決着に持っていくことが、結果的に世界の長期的安定と平和につながる道であろう。

とすれば、習近平の「平和の旅」外交は決して平和を目的としたものではなく、むしろ中国の独裁、権威主義的な秩序で世界を支配するための「覇権の旅」外交であると言えよう。

欧州による北京詣で

習近平がロシア・ウクライナ戦争の調停に向けてキーマン足り得るか、私は今なお懐疑的であるが、ＥＵ勢はやはり期待を寄せているようだ。それが顕著に表れたのは、フランスのマクロン大統領の訪中（２０２３年4月5～7日）だった。

「最悪なのは、台湾の問題について、アメリカの歩調や中国の過剰な反応に合わせてヨーロッパの国々が追随しなければいけないと考えることだ」と、訪中から帰国したばかりのマクロン・仏大統領が仏メディアのインタビューに答えたことが、国際世論を動揺させた。これは、台湾問題に関してフランスは距離を置くという宣言であり、その他ＥＵ国もそうあるべきだと呼びかけたことになる。

こうしたフランスの態度について、マクロンは習近平に篭絡《ろうらく》された、という声も起きた。

フランスのマクロン大統領は4月6日、北京で習近平国家主席と会談、ロシア・ウクライナ戦争についてのコンセンサスを探った。同じタイミングでＥＵ委員長のウルズラ・フォン・デア・ライエンも訪中。それぞれ習近平と個別会談を行い、また三者会談も行った。

最大のテーマは、ロシア・ウクライナ戦争における中国の仲介の役割についてである。中国がプーチンの味方になるのではなく、プーチンを牽制しブレーキを踏ませるように求める、ということだ。マクロンとフォン・デア・ライエンは、ＥＵ勢として共闘するつもりで同時訪問したようだ。これに対し、習近平はＥＵの分断を図った。

マクロンの訪中に対して習近平は、最高の待遇を準備した。降機時の紅絨毯と秦剛外相の出迎え、天安門広場での解放軍の礼砲、両国元首による儀仗隊閲兵式典、正式の晩餐会は、国家元首の国事訪問としては当然としても、習近平が２日にわたり異なる土地で２回も会談を行い、２回も食事につきあったのは異例であり、やはりマクロンを篭絡してやるという気合いを感じさせた。

２回目の会談は非公式であったが、習近平の父親・習仲勲が広東省書記時代に官邸として利用した思い出の場所、松園賓館を会場に選んで食事をしたあとに、中国の伝統的な茶芸で淹《い》れた茶を飲みながら語り合ったという。

さらに、４月６日にはマクロンが引き連れてきた企業代表団50人との間で、エアバス１６０機２００億ドル相当の受注を含む宇宙、航空、原子力、農業分野での経済協力協定が調印された。

新華社によれば、習近平は公式会談で「今や世界はまさに深刻な歴史の変化にあり、中仏はともに国連安保理常任理事国として、また独立自主の伝統ある大国として、世界の多極化、国際関係の民主化の推進者として、対立と束縛を超えて、安定、互恵、開拓を堅持し、中仏の全面的戦略的パートナーシップ関係の構築に向けて、真の多極主義を実践し、世界平和、安定、繁栄を擁護していく能力と責任がある」と語った。

また、「欧州は多極化する世界の独立した一極であり、中欧関係は第三者をターゲットにせず、依存せず、干渉も受けないことを堅持しよう」と、中国とEUの付き合いは米国の影響を受けるべきではないとの考えを示した。

マクロンは「フランスは『一つの中国』政策を尊重し、遂行する。今回、大規模な訪中団を率いてきたのは、中国側との協力を強化し、人文交流を促進したいからだ」「中国の第3回一帯一路国際協力サミットフォーラムの開催については、フランスも協力したい。……中国と緊密に連携をとって、世界の持久的な平和安定の実現に努力したい」と答えていた。

マクロンは、フランスが独立自主外交を堅持すること、欧州戦略の自主性を主張し、対立分裂を画策することに反対し、陣営に分かれて対抗することにも反対するとして、「フランスはどちらかの側に立つことを選ばないし、団結協力、大国関係の安定維持を主張する」との立場を表明した。

ウクライナ問題については、習近平は「ウクライナ危機の政治的解決に欧州が影響力を発揮することを支持する。フランスと一緒に国際社会の理性的抑制を呼びかけ、危機をエスカレートさせるような、ひいてはコントロールを失うような行動をとらないように呼びかけたい」とし、核兵器、核戦争、生物化学兵器、民用原発への攻撃への反対を強調。

マクロンは、ウクライナ危機の政治的解決に中国が重要な影響力を発揮できると評価したようだ。ただしフランスメディア側の報道を参考にすれば、マクロンは「（中国の提示する）和平協議の条件を変更しないと、侵略、占領された国家の立場としては、実質的な協議に参加できない」「世界のその他の影響力ある国家は皆そのような認識だ」と主張。国連の安保理メンバー国でも、この問題を解決するための協議の条件に満足できない、とも指摘したという。

つまり、ウクライナの立場（侵略地域からのロシア軍全面撤退を和平協議の絶対条件とする）を中国側に伝え、立場の違いははっきりさせた模様。この立場の違いが埋まった様子はない。

台湾問題については、公式発表を見る限りマクロンが「『一つの中国』政策を尊重し、推進する」と言ったぐらいしか発言は見当たらないが、米国の対中制裁に足並みを揃えたくない意志ははっきりさせたと言える。

一方、同時期に訪中したフォン・デア・ライエンは習近平との会談で、以下のように習近平の嫌がりそうなことをはっきりと述べたようだ。フォン・デア・ライエン自身が記者会見で明らかにした。

「台湾海峡の安定、平和、現状維持は、我々の利益に合致する。このことから、いかなる者も一方的に武力でこの地域の現状を変えてはならない。威嚇、武力使用によって現状を変えることは受け入れられない。重要なのは、対話で発生しうる緊張情勢を解決するべきだということだ」

「私は中国人権状況の悪化に深い関心を寄せている。新疆の状況は特に心配だ。我々は、これらの問題を継続して話し合うことが非常に需要だと考える。だから、中欧人権対話が復活していることに歓迎の意を示す」

中国メディアによれば、彼女には７人の子供がいて、全員が米国パスポート保持者の親米派で、次期ＮＡＴＯ事務局長を狙う「米国の犬」らしい。だから、習近平はフォン・デア・ライエンに対してはマクロンとは対照的に、露骨に冷遇した。特に、降機後の入国手続きで一般降機客と同じルートで案内したことが、欧州メディアで批判的に報じられていた。

これは単に習近平個人の好悪の差ではなく、ＥＵ分断戦略、米国との離間工作という狙いがある。分かりきった手ではあるが、効果的だ。実際に、マクロンは上機嫌で帰国し、台湾問題について冒頭のような発言をし、ＥＵ内でもハレーションを起こした。

中国から大歓待を受け、エアバスを１６０機もお買い上げいただき、マクロンとしては大収穫の訪中であったろう。だが、これはマクロンが習近平の手管《てくだ》に篭絡された、というだけの問題ではない。

現実的に、ＥＵにとってロシア・ウクライナ戦争は切実に自国経済、国民の暮らし、社会の安定に直結する問題であり、台湾危機は遠いアジアの出来事だ。最優先すべきは、ロシア・ウクライナ戦争を早急に終わらせることだ。

そのキーマンは言わずもがな習近平で、最低限、中国がロシアに軍事的支援、武器供与などを行わないこと。一番良いのは、習近平がプーチンを説得ないしは圧力をかけて、占領地からのロシア軍全面撤退という和平協議開始の環境を整えてもらうことだ。

一方、習近平が和平協議仲介の名乗りを上げた狙いは、プーチン体制を守ることだ。習近平はプーチンが戦争責任を問われない形での和平協議を模索している。だが、たぶん戦争が終結することをEUほど切実に望んでいるわけではないだろう。この戦争によって、ロシアが弱体化したり、米軍備がユーラシアに分散することは、中国にとってそう悪い話ではない。

となると、ディールはやはり習近平有利になってくる。習近平がEUの求めるように影響力を発揮するとしたら、EU側は何を対価とするのか、それが問われることになる。

マクロン、フォン・デア・ライエンに先立って、スペインのサンチェス首相が2023年3月30日に訪中し、習近平と会談した。スペインは7月からEUの輪番制の議長国になるので、欧州で起きている第二次大戦以来の大規模な紛争において、重要な外交対話が行われる可能性のある中心舞台となる。サンチェスはずっと習近平との会談を切望していた。これは習近平が和平協議案として12項目を打ち出して、ロシア訪問から帰ってきたばかりのタイミングであり、ＥＵ側の中国の平和外交始動に対する最初のアクションとして注目されていた。

習近平・サンチェス会談の中身はほとんど詳報されていないが、サンチェスは25日、ドミニカ共和国で行われたラテンアメリカリーダー会議の記者会で、「最も重要なことは、この種の平和がウクライナで実現したとき、それが公平で持久性のあるものである、ということだ。我々が公平に話し合うとき、ロシアに侵略されたウクライナの領土の完全性を尊重してほしい、ということだ」と語り、ＥＵ側の要求のボトムラインはクリミアを含むウクライナ領土からのロシア軍全面撤退であることを伝えたとされる。同時にサンチェスは、「世界はもっと中国の和平提案に耳を傾けてほしい」と訴えており、中国の平和外交に対しては一定の期待を示した。サンチェスは3月24日、マドリッドで行われたとある会議で「中国は一つのグローバルな役割を持っている。だから、中国の意見に耳を傾けることは明らかに必須であり、すべての人が、この戦争を終結させることができるか、ウクライナの領土の完全性を回復することができるかどうか考えなければならない」と語っていた。

サンチェスは２０２２年11月、Ｇ20会議の行われたバリで習近平と会談しており、スペイン外相のアルワライスは今月早めにニューデリーで秦剛・中国外交部長と会談を行っており、スペインがEU議長国となったタイミングで、中国の平和外交を積極的に進めていく算段をしているのではないか、と見られている。同時にサンチェスはスペインが国際舞台でより大きな影響力を発揮するチャンスを渇望しており、ブレグジットで英国のEUへの影響力が弱まり、イタリアが不安定な右翼連立政権になった今、EU内でのスペインの地位向上の機会ととらえている節がある。スペインは断固としたNATO支持者であり、ロシア・ウクライナ戦争においては、レオパルド2式戦車をウクライナ側に提供もしているので、今のところロシアサイドに立つ中国とは明確に立場が異なるわけだが、スペインの思惑を考えれば、EUと中国の間に何等かの妥協や譲歩、条件のバーターを探る動きが見えてくるかもしれない。

マクロンの対台湾政策に関する発言なども考え合わせると、それが直接ウクライナに関わる以外のテーマ、例えば台湾問題などで、中国に譲歩するような動きも出てくるかもしれない。

習近平は第3期目の総書記任期を決めたのち、長期独裁体制の最終目的として、国際社会に中国朋友圏を確立し、中国共産党の価値観、ルールによる国際秩序を打ち立てる考えを明確にしている。これは戦後長らく不動のルールメーカーだった米国に代わる地位に立ち、毛沢東もなし得なかった「世界の領袖」を目指すということだろう。そうすることによって、米国主導で目下進められている対中包囲網に対抗していく考えだ。

中国が、この中国朋友圏に取り込もうとしているのは、アフリカや中南米や東南アジアの途上国やＢＲＩＣＳら新興国、中東や中央アジアの資源国。そして、実はＥＵだ。ＮＡＴＯという軍事同盟の絆で結ばれた西側陣営だが、ＥＵ内にも対米不信感はあり、そこから崩していきたい、という思惑がある。

折しも米国ではその直前のタイミングで、台湾の蔡英文総統が米国トランジット外交を展開し、マッカーシー下院議長ら超党派の議員団と会談し、米台の軍事的協力方向を強く打ち出していた。

中国が「核心利益中の核心問題」と言う台湾問題は、地理的に遠く離れたウクライナ問題と、共に米中のパワーゲームであるという側面が共通している。１つの碁盤の上で、同時並行で進行する、対極の角で行われている競り合いに似ており、ウクライナ情勢の決着の仕方は、そのまま台湾情勢に影響してくる。そうしたことを見越せば、習近平がウクライナ問題と台湾問題をバーターにできるカードと考えてもおかしくはない。

習近平が任期中に台湾を統一したいと考えていることは、今や秘密でも何でもない。その選択肢に武力統一が入っていることも。そのとき、EUは、米国と足並みをそろえて対中制裁を行うのか。そのテーマに対して、フォン・デア・ライエンは中国に厳しく釘を刺し、マクロンは中国に譲歩した、ということになるが、これはEU内で意見が分裂する可能性がある。

そこには、EU内にじわじわ浸透してきた「疑米論」が要因としてある。もともとEU内にあった米国に対する不信感は、「ノルドストリーム2」を破壊したのは米軍ではないか、という「噂」によって2023年春に増幅した。ロシア・ウクライナ戦争で米国が一番得をした、この戦争は米国が裏で手を引いている……。こうした疑惑の隙間に中国が楔を打ち、揺さぶり、ロシア・ウクライナ戦争後に起き得る台湾有事のための国際環境を自国有利に持っていこうとしているのではないか。

この構造は、実は日本や台湾にも起きつつある。ロシア・ウクライナ戦争の始まり方と推移と決着のあり方と、そこに中国が打ってくる離間工作は、明日の私たちの問題だと考えていい。

「疑米論」か、「倚米論」か

「疑米論」について、改めて解説しておこう。米国のジャーナリスト、ガーランド・ニクソン氏が２０２３年２月、「ホワイトハウスに台湾破壊計画がある」とツイッター上でつぶやいたことにより盛り上がった。その後、３月14日に米メディア「セマフォー」が、ホワイトハウスで国家安全保障補佐官を務めたロバート・オブライエンがカタールのドーハで開催された国際安保フォーラムで同社エディターの取材に「米国と同盟国は絶対に、その（ＴＳＭＣ）工場が中国の手に渡ることを放置しないだろう」としたうえで、解放軍が台湾に上陸すれば、半導体技術の対中流出を阻止するために工場を破壊する考えを示した、と報じた。

オブライエンは「中国がこれらの工場を確保すれば、シリコンチップ（半導体）の新たな石油輸出国機構（ＯＰＥＣ）になるだろう」と警告した。ＯＰＥＣが石油生産を調整し世界経済に影響力を行使しているように、中国も最先端半導体の製造を思いのままにするということだ。「（そうなれば中国が）世界経済を統制するだろう」「現実を直視すべきだ。（有事にＴＳＭＣを破壊すれば）絶対にそうはならないだろう」と指摘した。第２次世界大戦当時、フランスがナチス・ドイツに降伏した際、フランス艦隊がドイツの手に渡ることを懸念した英国がフランス艦隊を攻撃し、１０００人のフランス人兵士を死亡させたというエピソードにも触れた、という。

こうした報道を受け、台湾世論が炎上した。台湾の蔡英文政権が米国の要請を受けて国防予算を増額し、徴兵制を延長し、米国の武器を購入してきたが、これに対する批判も相俟って、「台湾が米国に操られて中国と戦争させられる」という危機感につながったのだ。

この台湾の一部世論で起きた「疑米論」は、折しもロシア・ウクライナ戦争の最中に起きたノルドストリーム爆時事件の真相について、米国の老ジャーナリスト、シーモア・ハーシュが匿名情報筋の情報として、２月８日に米軍犯行説をブログに投稿したことにもリンクした。

かつてピューリッツァ賞を受賞したこともあるシーモア・ハーシュは2月上旬、米政府内の良心ある匿名官僚のリークとして、２０２２年9月26日に起きたロシアとドイツをつなぐ海底パイプライン「ノルドストリーム」の爆破事件は、米情報当局と米軍の工作であると報じた。特殊訓練を受けた米軍潜水士がノルドストリーム1、2の4本のパイプラインに2022年6月、NATOの演習BALTOPS22に紛れて爆弾を仕掛け、リモートで起動させ、3本のパイプラインを破壊した、という。

ハーシュによれば、米国は、冬を迎える前にドイツがロシアからのエネルギーを得たいがために、対ロ経済制裁を緩和する可能性を懸念したのが動機だという。パイプラインそのものを破壊してしまえば、ドイツがロシアに譲歩する選択肢を奪えるからだ。

ホワイトハウスは、この報道を全面的に否定している。その後、3月7日にニューヨークタイムズや英紙タイムズ、ドイツメディアなどが一斉に「ノルドストリームの爆発はポーランドに拠点を置く親ウクライナ過激派によるテロ攻撃だ」と報じたが、この情報の出所はCIAだったため、ハーシュの報道が真実で、これを打ち消すためにCIAがわざとリーク情報を流して世論誘導しようとしたのではないか、という疑念をより濃くすることになった。

こうした真偽不明のニュースに台湾世論と国際世論が動揺し、一部で「米国ならやりかねない」という「疑米論」の拡大を後押しすることになった。

一部で根強くあったロシア・ウクライナ戦争の遠因は、米国が煽動したオレンジ革命にある、あるいはロシア・ウクライナ戦争は米ロの代理戦争であり、米国は他国で他国軍の流血によってロシアを弱体化させ、EUのロシアに対するエネルギー依存に歯止めをかけ、EUの危機感をあおり、米国産のガスや武器をEUやウクライナに売りつけるのが狙いであった、という考えが、こうした疑米論に誘導され、そこに中国の世論誘導工作がリンクした。つまり台湾有事も、米国が己の利益のために戦争を起こそうと台湾の対中危機感をあおることで起きるのだ、という世論を国際社会、そして台湾に引き起こそうとしたのだ。

こうした疑米論は中東の比較的親米であったサウジアラビアが中国寄りに舵を切り、イランとの関係修復の決断にも影響を与えたともいわれている。中国はこの疑米論拡散でEUと米英の信頼関係を揺るがせると同時に、「戦争屋の米国」に対する「平和の使者・中国」という新たな国際イメージを定着させようと画策しているようだ。

その一方で、台湾には「中国の武力統一の脅威に抵抗するためには、米国に頼るしかない」という「倚米論」も根強い。2024年1月に予定されている台湾総統選は民進党候補の頼清徳、国民党候補の侯友宜、そして第三勢力の民衆党候補の柯文哲の三つ巴戦が予想されているが、おそらくは疑米論VS倚米論という対米政策が一つの焦点として有権者に問われることだろう。これは日本の中にも似た部分がある。「米国の利益のために日本が戦争に巻き込まれかねない」「米国の軍事最前線として日本が駒としていいように利用される」、あるいは、「いざというときは日本を見捨てたり、日本の外交のはしごを外す可能性がある」という対米不信論が根強くある一方で、「日本は米国の核の傘に守られており、安全保障上、完全に米国に依存している以上、米国に頼るしかない」という考えも根強い。

台湾でも日本でも、最終的にこのテーマを有権者に問えば、私は倚米論のほうが支持されると見ている。

米国を疑う気持ちが、すなわち中国を信じるということにつながるわけではないし、米国に頼るしかないという事実の前で、疑心を募らせること自体がリスクとも言える。

それは、米中対立がますます先鋭化することで、疑米論・倚米論が、戦争か平和かという論争に単純化されやすいからだ。そして、こうした世論の単純化と分裂こそが、中国にとって有利に働くことになると警戒すべきだろう。

台湾をめぐる周辺外交戦の激化

2023年3月9日、ミクロネシア連邦のパニュエロ大統領（当時）がこれまで中国と維持してきた国交を台湾にスイッチしようとしていることが明るみに出た。5月に任期を終える同大統領が退任直前に明かした外交アクションで、実現すれば太平洋島嶼国全体に大きなインパクトを与えたはずだ。他方、これまで台湾と国交を維持してきた中米のホンジュラスは、台湾断交および中国との国交樹立を発表した。同じタイミングで3月29日に米国経由で中米のグアテマラとベリーズを訪問する台湾の蔡英文総統が、帰国時にロサンゼルスで米マッカーシー下院議長と会談した。一つひとつ解説していこう。

太平洋島嶼国の中で親米的なミクロネシア連邦のパニュエロが議会に宛てた3月9日付の書簡が翌10日、複数のメディアを通じてリークされ、2月にミクロネシア連邦が台湾外交当局から5000万ドル（約65億3400万円）の資金援助を受けるための協議の席上で、外交関係を中国から台湾にスイッチすることが可能か打診したことが明らかになった。

私もこの書簡の全文に目を通したが、確かにパニュエロは、習近平・中国国家主席が2027年に台湾に侵攻するための準備を指示していると言い切ったうえ、「ミクロネシア連邦はそのような紛争を防ぐのか、看過して起こさせるのかという重要な役割を担っている」「中国は、台湾と戦争が起きたときにミクロネシア連邦が米国と中国のどちら側につくつもりなのか、まったく関わらないのか、確かめようとしている」という認識を示していた。さらにその書簡では、「ミクロネシア連邦がすでに中国の〝政治戦争〟に巻き込まれつつある」と危機感をあらわにし、注意を喚起していた。

中国がミクロネシア連邦に仕掛けているというこの「政治戦争」の中身は、実に衝撃的だ。具体的には、ＥＥＺ（排他的経済水域）において中国の調査船活動が公然と行われているうえ、その目的が米国領グアムへの攻撃が必要になったときに備えて潜水艦の移動経路をマッピングするためであることや、ミクロネシア連邦がこの調査船の目的を確認しようとパトロール船を派遣すると、ミクロネシア連邦のＥＥＺ内であるにもかかわらず、中国側から「近づくな」と警告されたことなどが、その一例だ。

こうした中国の動きに脅威を感じたパニュエロは２０２２年、中国が進めている海洋空間計画「プルーエコノミープラン」に調印することを拒否した。しかも、その後、中国から大使としてミクロネシア連邦に新たに派遣された呉偉大使は、外交部の渉外安全事務局副局長出身で、経歴にも不明な点が多い人物だった。パニュエロが独自に調査を進めた結果、この人物は、ミクロネシア連邦政府を米国や日本、オーストラリアなどの伝統的なパートナー国から分断させて中国側に引き寄せる、いわゆる安全工作活動の任務を帯びていることが判明したため、大統領は大使の着任を拒否した。

パニュエロは、2022年7月にフィジーで開かれた太平洋島嶼フォーラムに出席した際、二人の中国人に密かに尾行されていたことを明らかにした。その後、その二人の中国人はフィジーのスバにある中国大使館の職員で、うち一人は解放軍の諜報員であることも明らかになった。その諜報員の姿は、以前もミクロネシア内で目撃されていたという。

さらに、銭波・元駐フィジー中国大使が太平洋担当特使として第二回中国・太平洋島嶼国政治対話に参加したときには、一民間人であるミクロネシア人をミクロネシア政府代表として出席させて発言させるという事件もあり、パニュエロは書簡を送って、「中国はわが国政府が承知していないところで、民間人を勝手にわが国の代表として公的な多国間会議に出席させるという、あり得ない前例をつくった」と、強く抗議していた。さらに、コロナ禍の折に中国が強制的に中国製コロナワクチンを使用させたことについても、「主権を全く尊重していない」と、批判した。

パニュエロは、ミクロネシア連邦の高級官僚や代議士たちが中国から賄賂を受け取り、国家の利益よりも個人の利益を選択するようになったことが中国の政治戦争に敗北した原因の一つだと述べ、こうした状況を変えるために、「中国から台湾に国交をスイッチする」

と訴えたのだ。書簡の最後には、「この書簡を書くこと自体、自分自身や家族、支持者の安全を脅かすものだと重々自覚している」としたうえで、「それでも、国家としての我々の主権と繁栄、平和と安定のほうがもっと重要だと考え、あえて書くことにした」と、覚悟を込めた文章を付け加えている。

ミクロネシア連邦では3月7日に総選挙が実施され、パニュエロは議席を失って5月に引退。当時からこの書簡がどれほど影響力を持つのかは不明とされ、結果から言えば、ミクロネシア連邦の外交スイッチは行われなかった。仮に、ミクロネシア連邦と台湾の国交回復が実現するようなことがあれば、2007年に台湾とセントルシアが国交を回復した以来の動きとなる。

その一方で、中米ではホンジュラスが台湾から中国へ外交スイッチした。これはホンジュラスの「たかり外交」に台湾が愛想を尽かした結果とも言える。台湾メディアにリークされた内幕によれば、ホンジュラスで2022年1月にカストロ大統領が就任して以来、両国の当局は、医療や農業などの支援枠組みについて交渉を重ねてきたが、ホンジュラス側はなかなか調印しようとせず、4500万ドル（約58億8060万円）の病院建設や、3・5億ドル（約457億3800万円）のダム建設、20億ドル（約2613億6000万円）

の国際償還協力などの追加支援をねだってきたという。２０２３年3月13日には、ホンジュラス外相からさらに25億ドル（約３２６７億円）の援助を求める書簡も届いたが、カストロ大統領は台湾の回答を待たず「中国と国交を樹立するつもりだ」とツイッターで宣言した。ホンジュラスは、中国にも60億ドル（約７８４０億８０００万円）の建設プロジェクトへの支援を要請していたことが明らかになった。

こうしたホンジュラス側の態度について、台湾の呉釗燮・外交部長は3月23日、立法院で「常識の範疇をこえた要求」だと批判。「獅子（中国）が大口を開けている状況なのであれば、ホンジュラスと国交を維持することはできない。ましてや、我々国民の血税を浪費することは、なおのことできない」と述べた。台湾は3月26日、ホンジュラスとの断交を発表。ホンジュラスも台湾との断交を発表し、翌27日には中国と国交を樹立した。

ミクロネシア連邦と台湾が国交を回復する可能性が一時的に浮上した背後には、当然、台湾をめぐる米中の「外交戦争」がある。南太平洋島嶼国は、メラネシアのソロモン諸島やキリバスが２０１９年に台湾から中国に外交スイッチし、ソロモン諸島もいまや中国の前線基地化しそうな雲行きだ。

そんな中、米国としては、南太平洋地域において中国の影響力が拡大するのを防ぐためにも、パラオからミクロネシア連邦、ナウル、そしてマーシャル諸島に至る「親米島嶼国ライン」は、しっかり守りたい。パラオ、マーシャル諸島、ナウル、そしてツバルの国々は台湾との国交を維持しているため、そこにミクロネシア連邦が復帰すれば、台湾友好国ラインと米国太平洋防衛ラインがほぼ一致することになり、米台防衛協力もやりやすくなるだろう。

時を同じくして、台湾の蔡英文総統が中米のグアテマラとベリーズを訪問し、帰途に経由するロサンゼルスで４月５日、米国のマッカーシー下院議長と会談した。これは米台関係が一段、レベルアップしたマイルストーン的な政治事件だった。中国が札びらでホンジュラスを台湾から引き離しても、その分、米台関係が一層強固になれば、台湾の国際的立場はむしろ強くなったとも言えるだろう。

蔡英文「トランジット外交」の歴史的意義

台湾の蔡英文総統は３月29日から米国を経由地にして中南米の友好国グアテマラとべ

リーズを訪問した。

このタイミングで中米国のホンジュラスが台湾と断交し、27日、中国と国交を樹立したこと、また、国民党の元総統の馬英九が4月5日の清明節に合わせて墓参りをするために中国本土への〝里帰り〟を行ったことなどを含め、この時期、米中台の緊張関係は高まった。

そして、その緊張の高まりのハイライトが、4月5日。蔡英文が中米友好国訪問を終えて帰途の経由地、米国・カリフォルニアに入り、ケビン・マッカーシー下院議長および17人の超党派議員と会談したことだ。

1979年に米台が断交してから、台湾総統が下院議長に会うのは三度目であり、米国内での台湾総統の会談相手としては最高位の政治人物という意味で、歴史的な会談でもあった。

会談は滞りなく行われ、蔡英文とマッカーシーは短い声明を出し、その後、マッカーシーらは記者会見も行った。

会談でマッカーシーは蔡英文のことを「プレジデント」と呼び、「米台は双方の人民のために、共同で経済、自由、民主、平和、安定を促進していく方法を探し求めていけると楽観している」と語った。また会談後に短い声明を出し、「今日は超党派の会談であり、共和党と民主党が一致団結して、自由と約束と紐帯を象徴する地で、今日、総統と我々が一緒になってこの紐帯をより堅牢なものにした」と語った。

蔡英文は、米議会が米台関係をさらに強化するいろいろな法案を提出してくれたことに感謝し、その法案によって台湾は防衛能力を強化でき、台湾と米国の経済・貿易の連結も強化されたと述べた。

蔡英文は、会場となった図書館の名前にもなっているロナルド・レーガン元大統領の「平和を守るには自らが強大になる必要がある」という言葉を引用し、「私たち（米台）が団結したとき、私たちはもっと強大になる」と述べた。

さらに「台湾がインド太平洋で重要な役割を担っていることを認識した。台湾は頼りになるパートナー、地域の安定の礎、善良なパワーとなる」と語り、米国を中心とする自由世界を共に守る一員であることを強調した。公にはなっていないが、国防についての話し合いはかなり行われただろう。

３月26日、ホンジュラスが中国の札びら外交によろめいて台湾と断交したため、台湾と国交を結ぶ友好国はわずか13カ国になったが、蔡英文は「米国がそばにいてくれて感激だ」「彼ら（米超党派議員団）が揺らぐことなく台湾を支持してくれたので安心した。私たちは孤立もしていないし、孤独でもない」と自信を見せた。

蔡英文は往路でニューヨークに立ち寄ったときは、下院民主党トップのハキーム・ジェフリーズと会談していた。ジェフリーズはこのとき、「米国と台湾の共同の安全と経済利益について非常に実りある対話をした。我々は、民主と自由についてともに認識を共有した」と述べている。これは与野党ともに米議会は台湾支持で一致しているということであり、バイデン政権の思惑はどうであれ、米議会は台湾を守り、台湾とともにある、という姿勢を改めて強く打ち出したと言える。

この会談について、バイデン政権はそれなりに中国に配慮していたと思われる。マッカーシー下院議長の事務所は4月3日に、「5日、マッカーシー下院議長はロナルド・レーガン図書館で台湾総統と両党会談を行う」と発表した。蔡英文と会うのは「両党会談」であり、国家・政府の政治行事ではない、ということだ。

だが、中国側は激怒し、4月5日には空母「山東」を台湾南東部からバシー海峡を通過させ、福建省海事局は巡視船編隊を台湾海峡に展開した。この巡視船編隊の演習は7日間続いた。

台湾総統府スポークスマンの林聿禅は4月3日、「台湾と民主国家の交流は2300万人の台湾人民の権利であり、中国が口をはさむようなことではない」と語ったが、中国駐ロサンゼルス領事館は同日、「過去の教訓を無視して台湾カードを切った。『一つの中国』原則に深刻に違反し、中米両国の利益に合致しないだけでなく、14億人の中国人民の民族感情を極めて大きく傷つけた」と声明を出した。

中国国務院台湾事務弁公室の朱鳳蓮は、蔡英文が台湾を出発した3月29日に、「蔡英文の『トランジット』は空港やホテルで大人しく待機しているのではなく、さまざまな名目で米国官僚、議員と接触し、米台当局の交流を行い、外部の反中勢力と結託しようとしている」と批判し、「蔡英文がマッカーシーと接触することは、『一つの中国』原則に違反し、中国の主権と領土の完全性を損なうことで、台湾海峡の平和安定を破壊する挑発である。中国は断固反対し、必要な措置をとり、断固反撃する」と脅したのだった。

米国家安全保障会議のジョン・カービー戦略広報担当調整官は、「蔡英文の訪問は個人的なものであり、オフィシャルではない」と強調しており、以前も同様の形で台湾総統が米国を訪問することは多々あったと説明し、中国をなだめようとした。

実際、蔡英文は総統になってから過去に6回、米国にトランジットしており、今回で7回目なのだ。バイデン政権はあくまで「ビジット（訪問）」という言葉は使わず、「トランジット（立ち寄り）」という表現に徹してきた。

蔡英文とマッカーシーが米国で会うことにしたのも、マッカーシー率いる議員団が台北を訪問するよりも中国の怒りを買わないであろう、との考えからだと言われていた（マッカーシーは2022年夏、下院議長に選出された場合に台湾を訪問すると発言していた）。2022年7月のペロシ下院議長の訪台時のように、中国軍が台湾を封鎖するような形で軍事演習を再び行ってもらいたくない、ということだ。

そこまで配慮されている中国は、なぜこんなにもピリピリして、この会談を阻止しようとしたのか。そして米国も国際社会も、なぜここまで注目しているのか。

この蔡英文・マッカーシー会談には、なんと150社以上の国内外メディアが現場に詰めかけていた。会場周辺ではこの会談に反対する親中派が詰めかけ、会場となったレーガン図書館の頭上を威嚇するように親中派が「一つの中国」と書いた垂れ幕をつけたセスナ機を飛ばしていた。

これだけ注目を集める要因の一つには、台湾総統が米国で米議会議長と会うということは初めてで、米台関係の緊密化が一段階レベルアップするだろう、という見方があったからだ。下院議長に選出されたばかりの共和党のマッカーシーはもとより対中強硬派で、しかも野党なのでバイデンの立場に気を遣う必要もなく、踏み込んだ発言をするかもしれない、という期待があった。

さらに言えば、2024年1月に予定されている台湾総統選への影響があると見られている。米台関係がさらに緊密化、つまり准軍事同盟化する可能性が取り沙汰され、今回の蔡英文のトランジットがその契機になるのでは、という見方もあった。

次の台湾総統選は、米国との距離感が一つの争点になると言われている。蔡英文・民進党政権は国防、安全保障において、米国と完全に歩調を揃え、米国に従う「倚米（米国に頼る）路線」を打ち出しているが、国民党側は米国を疑う疑米論を打ち出し、これを世論に問う形で選挙を戦うと見られている。

国民党の候補は新北市長である侯友宜。警察官として80年代、90年代の台湾の治安が悪かった時代、市民の安全に尽力した優秀な警察官出身の侯友宜は、今なお台湾有権者に人気の高い庶民派の政治家だが、外交経験はほとんど皆無で、2022年11月の統一地方選で最高得票率で新北市長に再選したのちの最初の外遊先はシンガポールだった。総統選候補に決まる前のことだったが、もし総統選を戦う意思が少しでもあったならば、米国か日本を最初の外遊先に選ぶべきだった。こうした振る舞い一つとっても、侯友宜が中国の武力統一圧力のもと台湾の平和と安定を守るだけの政治手腕があるかどうか、あるいは彼を支える優秀なブレーンやスタッフがいるのかどうかが透けて見える。今のままであれば、民進党候補頼清徳、第三勢力の民衆党候補柯文哲に与して勝ち抜けるか、たとえ勝ち抜けても、厳しい外交環境の中で台湾の舵取りができるか、非常に心許ない。

だが中国の台湾に対する武力統一の脅威が一層明らかになった2022年、米国が露骨に台湾の国防費増や徴兵制度延長を要求し、台湾有権者の中には、米国が台湾を中国との代理戦争の駒に使うのではないか、という疑いの声が出始めた。

3月中旬、台湾国立政治大学メディア学院の馮建三教授ら4人の学者が反戦声明を掲げ、「台湾のこの美しい土地を米中の戦場に貸し出してはならない」「米国覇権主義の子分になるのか」と訴えたほか、元歌手でタイヤル族の立法委員である親中派の高金素梅が、「米国がいろいろ米台関係を緊密化する動きをしているのは、台湾を駒として操るつもりだ」と立法院で主張し、疑米論として盛り上がった。

こうした主張の背後には、2月に米国ジャーナリストのシーモア・ハーシュが匿名情報として「ノルドストリーム2の破壊工作は米軍の仕業である」(米国当局は全面否定)と報じたことや、元国家安全保障問題担当大統領補佐官のロバート・オブライエンが米メディアに「中国解放軍が台湾に上陸したら、米軍は半導体施設などを（中国の手に落ちないようにするために）破壊する作戦がある」といった内容を寄稿したこともある。

ロシア・ウクライナ戦争に自国の未来を重ねていた一部台湾人は、米国が自分たちの利益のためにウクライナに戦争の火種をつくり、ノルドストリームまで破壊したのであったら、台湾でも同じことをやるかもしれない、と考え始めた。米国は台湾が占領されそうになれば、自らの手で台湾を破壊するのではないか、と。

そんな風に台湾世論が対米関係をめぐって分断され始めたのだ。その裏側では、ここぞとばかり中国共産党が認知戦、情報戦、世論誘導戦を仕掛けているのは言うまでもない。

また民進党支持者の間にも、別の意味で疑米論が出ている。「米国は本当に台湾を助けるつもりがあるのだろうか」とか「バイデン政権は、最終的には台湾よりも中国を選ぶのではないか」といった見方だ。

こうした世論分断が起きかけている中で、蔡英文はこのトランジット外交で、迷いなく倚米路線に舵を切った。そして、これが国際社会的にもポジティブに報道されたことによって、台湾世論を分断しかねなかった疑米論はいったん落ち着きを見せている。5月下旬には「21世紀の貿易に関する台湾・米国イニシアチブ」第一段階合意に至るなど経済面の米台関係緊密化も一層進んだ。今後、中国が台湾にどのような圧力をかけてくるか、あるいは認知戦、世論誘導戦をしかけてくるのかは分からないが、台湾は次の総統選でもし民進党政権が継続されることになれば、米台関係緊密化路線はさらに加速するだろう。それこそ台湾が西側陣営の準同盟国のポジションに格上げされるタイミングが、巡ってくるかもしれない。

習近平による「ロシア・ウクライナ和平調停」の狙い

中国の習近平・国家主席とウクライナのゼレンスキー大統領が4月26日、ついに電話会談をした。これにより中国のロシア・ウクライナ和平に向けた仲介外交がいよいよ始動するという見方が強まった。習近平がロシア・ウクライナ戦争の調停役に名乗りを上げたものの、習近平・ゼレンスキー（電話）会談は、もっと習近平にとって「勝ち筋」が見えてからだろうと思われていたが、突然、電話会談の日程が決まった。

この電話会談について、ＣＣＴＶ（中国中央テレビ）は、習近平・中国国家主席が「中国がロシアとウクライナの和平交渉の推進に注力し、可能な限り早急な停戦に向けて努力する」と言明し、ユーラシア事務特別代表をウクライナと周辺国に派遣することを表明したと伝えている。さらに、「国連安全保障理事会の常任理事国として、また、責任ある主要国として、傍観することも、火に油を注ぐことも、ましてや利益を追求することもない」と語ったという。

ゼレンスキーのオフィスも、「習近平国家主席と長時間にわたり有意義な電話会談を行った」と認め、「これを受けて任命される特別代表は、ウクライナと中国の二国間関係の発展にとって強力な弾みになると信じている」との見解を発表した。

発表によれば、ゼレンスキーは習近平に対し、次のように語ったという。

「ウクライナ人ほど平和を渇望している人々はいない。我々は自分の土地の上で、我々の未来のために戦っている。我々が行使する自衛権は、誰も剥奪できない。和平は公正で持続可能なものでなければならず、国際法の原則と国連憲章を尊重していなければならない。領土の一部を譲渡するといった妥協と引き換えによる和平はあり得ない。ウクライナは、１９９１年に定められた国境通りに領土を回復しなければならない」

この電話会談は、習近平によるゼレンスキーへのファーストコンタクトである。なぜ、ロシアのウクライナ侵攻から1年2カ月が経過した今なのか。多くの専門家は、盧沙野・駐フランス中国大使の失言問題に関係があるのではないかと指摘した。

電話会談が行われるという話は、習近平国家主席がロシアに国事訪問した3月下旬には表面化していた。事実、ウルズラ・フォン・デア・ライエンEU委員長が4月初めに北京を訪問した際、習近平氏は彼女に「条件と時期が熟せばゼレンスキー大統領と対話する用意がある」と伝えていた。しかし、実際には条件は整っていなかったため、これほどすぐに会談が行われるとは誰も予想していなかった。

事態が急変したのは、盧沙野・駐フランス中国大使がフランスのテレビ局LCIの番組に出演した4月21日のことだった。番組司会者のダルス・ロシュバンから、「国際法から見れば、クリミアはウクライナに属するのではないか」と問われた盧沙野は、「国際法によれば、(ウクライナをはじめ)旧ソ連の国々には主権国家としての実質的な地位はない。具体的な国際協議はなんら行われていないのだから」と述べて、欧州諸国の反発を招いたのだ。フランス、ウクライナ、バルト三国が次々と中国に説明を求めたが、盧沙野の発言と中国の公式の立場が異なるとして中国外交部が火消しに動いたのは、３日後の24日になってからで、中国外交の劣化を印象付けた。

中国―ロシア問題に関する専門家のギルベルト・ロズマン米プリンストン大学教授は、ボイスオブアメリカの取材に応じ、「（盧沙野の失言によって）国際社会における中国の信頼が損なわれた。これは中国にとって決して小さな波風ではなく、次にどんな一手を打つべきかは死活問題となった。これが今回の電話会談の背景の一つだ」と答えた。機はいまだ熟していないまま、欧州諸国の反発をなだめるために習近平がゼレンスキーにコンタクトした、という見方だ。ロズマン教授は、この電話会談によって直接的にウクライナの状況の改善につながる突破口が開かれることはないとしても、盧沙野大使の発言が欧州に与えた悪影響を少なからず削減することができただろうという。

２０２３年に入ってからのユーラシア方面に対する習近平外交の流れを復習すると、まず、３月にロシアに国事訪問してプーチンと会談し、中国の親ロ緊密化を印象付け、ロシアの立場に立ち和平協議への仲介を行う姿勢を打ち出した。同時に、欧州諸国には米国と異なる形で戦略的な自主路線をとるように働きかけ、欧米離間の楔《くさび》を打とうとした。その姿勢は、４月にＥＵ議長国であるスペインのサンチェス首相やフランスのマクロン大統領を手厚くもてなした一方で、親米派であるEU委員長のフォン・デア・ライエン氏に対してはあからさまに冷遇したことにも表れていた。EUは2023年6月に開かれるEUサミットの席で統一的な対中政策を制定するかどうかを話し合うことにしており、これに揺さぶりをかけようというのが中国の狙いだ。

さらに、中国はロシアの武力侵攻を非難したことがないばかりか、ゼンレンスキーと初の電話会談に臨むまでに、プーチンと何度も対面、あるいは電話で会談を重ねてきた。3月に行われた習近平・プーチン会談では、100年ぶりの国際社会の変局を中ロで共に推進していくことを打ち出している。和平協議に向けて中国が提案する条件の中には、ウクライナが求めるロシア軍の被占領地からの完全撤退は含まれていないことからも、中国がロシアの立場に立って和平を進めるつもりであることが分かる。だが、それをウクライナ側が受け入れる可能性は低い。つまり、和平や停戦が実現する可能性は低い。

とはいえ、中国が和平プロセスにおいて重要な当事者であることをアピールする影響は、決して小さくない。和平が実現する期待値はそう高くないとしても、少なくともプーチンを説得できる可能性がもっとも高いのが習近平であることは間違いなく、現場に人を派遣するといった具体的な行動をとっている間は、国際社会の注目を浴び続ける。それが、彼の真の狙いかもしれない。

また、チェコのペトル・パベル大統領が4月25日に米国ニュースメディアのポリティコのインタビューに対して「中国はロシア・ウクライナ戦争から非常に大きな利益を受けており、調停者としては信用できない。むしろ、戦争が長引いてほしいと思っているだろう」と語ったように、中国としては、停戦を急ぐ切実な理由はないかもしれない。戦が長引けば長引くほど、ロシアは中国への依存度を高め、欧米も軍事力や経済力をすり減らし、中国が将来的に台湾の武力統一などでアクションを起こしやすくなる、という見方もある。

ただ、中国が本気で戦争を終わらせたいと思ったときには、方法はある。中国自身が過去に何度か実施した「中国式停戦」をロシアにやらせるのだ。つまり、1979年の中越戦争や、1962年の中印国境紛争のような形で中国側が一方的に撤退し、停戦を宣言するやり方だ。ワシントンのシンクタンク、ディフェンス・プライオリティでアジア関与プロジェクト主任を務めるライリ・ゴールドシュタイン氏も、ボイスオブアメリカの取材に対し、「上海のある経験豊かなロシア専門家によれば、戦争を終わらせる方法は簡単だ。中国がロシアに対して中国式の戦争終結方法を提案すればいい」と答えている。

この「中国式停戦」のポイントは、中国がインドにもベトナムにも和平を要求したことがなく、ただ一方的に侵攻し、一定期間、戦争して、目的を達成した後、一方的に戦闘を停止したという点にある。もちろん、国内に対しては「我々は勝利した」と大プロパガンダを行った。

もし、ロシアが中国式停戦を採用し、クリミアだけ防衛を固めて他の戦線から撤退し、一方的に停戦を宣言した場合、ウクライナはクリミア奪還のために兵を挙げることができるだろうか。米国や北大西洋条約機構（NATO）は、それを支援するだろうか。そこで事実上の停戦となれば、プーチン大統領は国内で勝利プロパガンダを行い、中国の後ろ盾を得て体制を維持できるかもしれない。実際、初代最高指導者となった毛沢東も、その後の鄧小平も、この中国式停戦によって、むしろ権力基盤を固めることに成功した。

私個人の見立てを言えば、習近平が真に望んでいるのはロシア・ウクライナの停戦ではなく、台湾統一を含むアジアの安全保障の枠組みの再構築のための布石を打つことであろう。それはすなわち、「百年に一度」とも言われる大変革の時代において、国際社会の枠組みを再構築する主導権を握るための布石だ。

習近平が掲げる「中華民族の偉大なる復興」「中国の夢」「人類運命共同体構築」とは、米国式現代化（民主化）に対抗する発展モデルとして、「中国式現代化」を新たな選択肢としてグローバルサウスに提示することで、西側の自由主義陣営に対抗できる中国式秩序と価値観を持った陣営・中国朋友圏を形成し、できれば米国に代わる国際社会のルールメーカー、そして世界の領袖になりたい、ということにほかならない。台湾統一は、そのプロセスの重要な一環だ。

そのためには、ロシア・ウクライナ戦争がたとえ停戦合意に至らなくても、中国が和平協議仲介のために努力して見せることによって次の3つの目標が叶えば、中国としては十分に成功だと言える。すなわち、

①プーチンを守り、ロシアに親米政権を作らせず、ロシアの対中依存を深める。

②国際社会の期待を集め、かつての六カ国協議の時のようにスポットライトを浴びて一時的に高まる信用を利用し、中国式現代化や中国式和平を国際社会に浸透させる。

③EUと米国を分断させる。米国のレームダックを印象付け、戦争で疲弊したウクライナ国家再建に関わるチャンスをつかみ、EUの安全保障の枠組み再構築に中国が干渉できる

布石を打つ。

そう考えると、中国が語る「和平」とは、つまり「米国の民主主義の価値観を破壊し、中国式現代化、中国式民主を国際社会のスタンダードにしよう」という野望の隠れ蓑に過ぎない。西側の民主主義陣営の国々からすれば、「平和の使者」として中国に期待を寄せるより、むしろ「野心みなぎる覇者」として警戒を高めるべきだと思うわけだ。

「G7広島サミット」と「中国・中央アジアサミット」

2023年5月は、米中対立を軸とした新東西冷戦構造が明確化した季節でもあった。まず広島でG7サミットが開かれ、世界の注目を浴びた。その裏側で、第1回中国・中央アジアサミットが、シルクロードの起点となった唐の都、西安（長安）で開催された。

中国・中央アジアサミットについては、日本のメディアでも、女性ダンサーたちが天女に扮して舞うような歓迎式典のゴージャスなパフォーマンスの映像が流され、日本がホストとなったG７広島サミットに対抗する意図があったのではないか、という論評もあったと思う。

私個人としては、G７広島サミットも中国・中央アジアサミットも、のちのちに歴史的意味を評価され直すような、国際政治史上のマイルストーンとも言えるニュースであったと考えている。

G７広島サミットについて言えば、日本がホスト国であったこともあり、日本メディアがかなり手厚く報じていたので、ここではそこまで詳しくは説明しない。

簡単に言えば、チャイナ・ウォッチャーから見ると、このG７サミットは、中国に焦点を当てたものだった。日本が議長となってG７を団結させ、対中「デリスキング」（脱リスク、リスク低減）という表現で、対中政策の足並みを揃えさせたという点が最大の意義であったと言える。

デカップリング（排除）ではなくデリスキングという言葉からわかるのは、一見すると中国への配慮のように見えて、今の中国習近平体制が西側先進国にとってリスクであるという認識でG７が一致しているということだ。

そして、このG７サミットで、ウクライナ・ゼレンスキー大統領を広島に招き、さらにはコモロやクック諸島、インドネシア、ブラジルまで、グローバルサウスと呼ばれる途上国・新興国首脳を招き、G7の言う「1つの国際ルール」を遵守する国際社会枠組みの存在をアピールし、中国にもその「1つしかない国際ルール」を遵守せよと求めた。

これは、習近平がかねてから主張している〝中国式現代化モデルによる新たな国際秩序の再構築〟という目標を否定するものだ。中国は、民主化だけが現代化の道ではなく、G7という限られたメンバーだけの金持ちクラブのつくった国際秩序は途上国の利益を代表しない、という考えを広めようとしている。だが、今回のG7サミットはグローバルサウスの代表国も呼び、中国が画策している新しい国際秩序の構築の動きに公然と挑戦した。

中国が怒り心頭なのは、そのお膳立てをしたのが日本ということだ。日本はこれまで比較的、中国に配慮して見せ、安全保障上依存している米国に致し方なく追随しているというポーズをとってきた。だが、今回のG7は（実際はどうであったかは別として）いかにも日本が主導的に根回しをしたような印象を与えた。

それは、例えばオバマ元大統領が10分で退場した原爆資料館で、バイデン大統領に40分近く、米国の原爆投下による30万人の民間人虐殺の実態について説明を受けさせた、といったことなどもある。また、自衛隊車両をウクライナに提供するなど、平和憲法下の日本としては、極めて踏み込んだ形で外国の戦争に関与する姿勢も見せた。

中国としては、戦後78年目にして日本の姿勢や立ち位置が変わりつつあると感じただろう。

そうした日本の変化が、バイデン政権になって米国のレームダック化が加速していることとも関係があるとすれば、Ｇ７広島サミットは国際社会の多極化への転換の萌芽《ほうが》とも受け取られるし、同時に、次の世界大戦の可能性を意識せずにはいられない変化の兆し、とも言えるかもしれない。

万が一にも台湾有事が起こり、米中戦争の形になるとすれば、日本も参戦する、いや日本が先鋒として中国と戦うことになろう、と中国は改めて意識したのではないか。

さらには、こうした外交政治パフォーマンスを「平和都市・広島」でやったのだから、中国が受け止めたメッセージは、ひょっとすると日本の想像を超えているかもしれない。

このＧ７広島サミットの裏番組とも言える第１回中国・中央アジアサミットも、実は次の世界大戦の可能性を意識せずにはいられない変化の象徴と言える国際会議だった。

参加者は、中央アジア５カ国（カザフスタン、キルギスタン、ウズベキスタン、タジキスタン、トルクメニスタン）の大統領たちである。習近平がそれぞれの国家元首と１対１

の会談を行い、共同宣言や声明を出したうえで、全参加国が西安宣言に調印した。

この中国・中央アジアサミットの成果の一つは、西安宣言や中国側が発表した成果リストで規定された〝中国と中央アジアの関係強化のメカニズム化〟だ。

このサミットの開幕式で習近平は演説を行った。その演説によると、中国は中央アジアとの関係を発展させ、「互いに（周囲の敵を）見張り合い、事が起きれば助け合い、共同で発展し、普遍的な安全を守り、世代を超えて友好的な中国・中央アジア運命共同体」となるという。

「人類運命共同体」構築は、習近平の打ち出す中国の最高外交目標であり、中国が主導する国際社会の新たな枠組みの理念だ。この理念と目標の起点に、中央アジアを据えている。それは中国が打ち出す一帯一路構想の起点が新疆という中央アジアとの隣接地域であることからもうかがえる。

習近平は演説の中で、中国・中央アジア運命共同体構想を8つの面から推進するとした。すなわち、（1）メカニズム構築の強化、（2）経済貿易関係の開拓、（3）相互連携の深化、（4）大エネルギー協力、（5）発展能力のレベルアップ、（6）エコ・イノベーションの推進、（7）文明対話の強化、（8）地域平和の維持、だ。

これが具体的に何を意味するかが、西安宣言と成果リストにある。大きくまとめると、3つに分けられる。

（1）中国・中央アジア首脳会談メカニズムを構築し、2年ごとに議長国持ち回り方式で開催する。同時に閣僚級会議メカニズムを構築し、重点領域での閣僚級会議を定期的に行う。常設事務局設置についても検討する。さらに一帯一路建設の強化と中央アジア5カ国イニシアチブ、発展戦略をリンクさせる。

（2）中国側からは多元的な協力プラットフォームの設置を提案。具体的には外交、産業投資、農業、交通、危機管理、教育などに関する閣僚級会議のメカニズム化のほか、エネルギー協力、税関、政党対話、内閣協力ネットワーク、実業家会議、地方協力、産業投資協力、Eコマース協力、健康産業連盟、通信社フォーラムなどの各プラットフォームで交流、協力を深める。

（3）こうした枠組みにおける多元的な協力を協議文書にして調印した。それがサミット西安宣言や8つの備忘録などだ。

こうして見ると、このサミットは中国の「人類運命共同体」構想を実務として動かし始めたという意味で、中国にとって非常に豊富な成果があったと言える。

在米華人評論家で、元中央党校（あるいは中国共産党中央党校）機関紙「学習時報」副編集長の鄧聿文が、このサミットの成果についてドイツの多言語メディア「ドイチェ・ベレ」に寄稿し、「地政学的意義を軽視すべきではない」と指摘している。

いわく、このサミットで3つの重要な点が決定した。1つは中国・中央アジア協力のメカニズム化、2つ目は中央アジアが一帯一路建設のモデル区になり経済貿易協力のレベルを引き上げていくこと、3つ目は中国と中央アジアの文明対話、国家安全協力の強化だ、という。

中国・中央アジア協力のメカニズム化は、両者の関係を永続的、安定的にするもので、それがさらに一帯一路建設とリンクして中央アジアの経済発展に寄与するものとなれば、中央アジアの中国依存は急速に進むことになろう。

ポイントは中央アジアの地理的位置だ。鄧聿文は、英国の地政学者、マッキンダーの「中央アジアはアフリカとユーラシア全体の心臓地帯」という表現を引用し、中国が中央アジアとの協力メカニズムを通じて、経済貿易、交通、文化、反テロ活動までを連携した場合、米国が中国に対して海上からの戦略的包囲を仕掛けても、それを打破することができる、という。

これははっきり言及されてはいないが、中国が将来的に米中戦争、あるいは第３次世界大戦を仮定したうえでの布石とも言える。

中央アジアとの「運命共同体」化は、中国の戦略学者や国際関係学者が言うところの、いわゆる「西向戦略」の一環に他ならない。

仮に中米関係が完全に断絶した場合、中国は中東、ＥＵとの経済貿易ルートを確保する必要がある。台湾海峡戦争が勃発した場合、米国はＥＵに対中経済制裁を強いるだろうが、中国が欧州との経済貿易のリンケージを今から強化しておけば、ＥＵはその制裁パワーの度合い、範囲、時間を軽減、短縮せざるをえない。

これはＧ７広島サミットで、中国を経済貿易上のデリスキングが打ち出された理由でもある。また中央アジア５カ国のうち３カ国は中国と国境を接し、イスラム国としてかつてはウイグル独立派に影響力を持っていたが、経済的に中央アジア５カ国を従えれば、この懸念も軽減できる。

これまで中国の西向戦略は、進めたくとも、なかなか進まなかった。理由は簡単で、中央アジア5カ国への影響力はロシアが厳然と維持していたからだ。

だがロシアはウクライナに戦争を仕掛けたことで国力が一気に弱体化、いまや中国を頼りにするほかない状況に追い込まれている。

ロシアが弱体化すると、米国がその政治的空隙に入り込もうと、2023年2月末、カザフスタン・アスタナで米国・中央アジア5カ国外相会議を行い、ブリンケン国務長官を送り込んだ。だが、米国は対中央アジアに効果的な経済的手段を提示できなかった。代わりに中国がまんまとロシアの後釜として中央アジアのパトロンに収まった。ロシアとしても、米国に入り込まれるよりは中国のほうがましだ、と考え、これを許した。

もしロシアがウクライナとの戦争で弱体化していなかったら、第1回中国・中央アジアサミットは、おそらく第1回中国・ロシア・中央アジアサミットになっていただろう。

G7広島サミット成功の背後に米国レームダック化という要因があり、中国・中央アジアサミットの成功の背後にはロシアの弱体化があり、ともに時代の変局、米国一極状態から多極化への変化を示すサミットだった。

そこに将来的な米中戦争、あるいはその代理戦争、あるいは第3次世界大戦に至りそうな兆しが少しでも見えるなら、目を背けないことだ。

ロシア弱体化で進む中ロ極東戦略

ロシア・ウクライナ戦争を機にロシアが弱体化し、中ロの力関係が大きく変わった。このことは、長らく停滞していた中ロ極東戦略協力が加速することになるだろう。たとえば象徴的な動きとしては、6月1日から中国吉林省がウラジオストク港を国内貿易中継ぎ港として利用できるようになったことだろう。

中国海関総署（税関総署）が5月4日に出した公告によれば、ロシア・ウラジオストク港が正式に対中開放され、中ロ貿易・物流協力の重要なハブとなるという。吉林省と黒龍江省というロシアと隣接している、ウラジオストクに近い二つの省で国内貿易の中継ぎ港として利用できる。この二つの省は海への出口がなく、貨物を直接港に運び輸出することができない。これまでは吉林省の大部分の貨物は遼寧の大連港に運ばれて後、海上輸送されていた。今回、ウラジオストク港は初めて吉林省の貨物輸送の中継ぎ港として利用できるようになった。このことは中国の愛国的ネットユーザーたちの間で、「163年ぶりに海参崴（ウラジオストクが清朝の版図であった時代の呼び名）が戻った」と話題になった。

ウラジオストクはロシア極東地域の最大都市であり、最大の港湾であり、また東部地域のコンテナ集積港であり、目下70以上のコンテナ船専用の埠頭がある。そしてロシアのアジア太平洋に向けた戦略拠点としての軍港でもある。さらに歴史的に見れば、かつて海参崴と呼ばれ、清朝および元、明朝時代は王朝の版図であった。1860年、アロー戦争の終結で、英仏と清の仲介を行ったロシア帝国は、その報酬として中ロ北京条約で、清朝から海参崴を含むウスリー江以東を割譲させた。ロシア帝国はここにウラジオストク、すなわち「東方の征服地」と呼ぶ港をつくり、この不凍港を利用して日本海に進出するようになったのだ。

そのような要衝の地、歴史的に因縁のある港を中国に事実上開放したということは、確かに中国愛国ネットユーザーが喜ぶように、中ロの関係が根本的に変わる兆しかもしれない。

ウラジオストクが中国に中継ぎ港として利用を認められたのはもちろん、これが初めてではない。2007年、黒竜江省はテストケース的に国内向け貨物の輸送に、ウラジオストクなど3つのロシアの港湾の中継ぎ港としての試験利用をスタートさせていた。だがこれはあくまで「テストケース」で、非常に制限も多かった。吉林省は2010年に北朝鮮の羅津港を試験利用していた。北朝鮮の羅津は琿春から48キロでウラジオストクよりはずっと近かった。だが、その後、2018年にロシアのザルビノ港、2020年にスラビャンカ港の試験利用もスタート。これは中国の軸足が北朝鮮からよりロシアに傾いたということだろう。そして2023年、吉林省もついにウラジオストクを中継ぎ港として正式に利用することになったのだ。

国外の港の中継ぎ港利用では、国内貿易扱いなので関税がかからないが、物流費用、利用費用などは支払う。また港湾整備に中国側の資金が投じられる。これはロシアの地方政府にとっては大きな財政収入増になるし、また西側陣営の対ロシア経済制裁が厳しい中で、地方政府レベルでの緊密化は、国際社会の目をくらましながらの軍事民事物資の輸送などにも利する可能性はある。

中国にとっては東北から華南への輸送コスト、時間は大幅に削減される。中国報道を参考にすると、吉林、黒龍江省から遼寧の大連港までは1000キロ以上あるが、綏芬河、琿春からロシアのウラジオストクまではわずか200キロ。陸路輸送コストが大幅に削減されることになった。コンテナ一つにつき、だいたい2000元安くなり、輸送時間も2～4日短くなるそうだ。

問題があるとしたら、ウラジオストクの扱うコンテナ量が急増してキャパオーバーに直面するということだが、この貨物増加に対応するために中国が本格的にウラジオストク開発に参与し、極東最大の貿易港（にして軍事港）へと発展させていくシナリオが見えてきた。

この動きは単なる経済的な意味以上に、政治学、資源戦略的意義が大きい。

極東地域はロシア面積の4割を占めるが、人口はわずか5%。だがロシアが利用する30%の鉱物原材料、70%の魚類を供給し、天然資源の備蓄量は中国全国の総量に匹敵する。さらにいえば、北極航路における最重要不凍港の一つで、将来、地球温暖化で北極航路が国際貿易の重要幹線航路となった場合、ウラジオストクの戦略的地位はさらに上昇する。

そこを中国の資本で開発しようという動きは、習近平の考える中国が新たな世界のリーダーとして君臨するというシナリオを補強する重要な布石と言える。

こういう中ロ極東協力の動きは、この一年のうちに加速している。ロシアメディアが5

月中旬に報じていたのだが、2023年春以降、中ロ国境貿易が急速に伸びており、ロシア側のザバイカルスクと中国側の満州里をつなぐ国際道路の税関では連日700台前後のトラックが通関を待って行列をつくるほど混雑していた。この問題を解決するために、プーチンは5月半ば、ザバイカルスクの通関システムの電子化を急ぐように命じたとか。中ロのこの陸上輸送ルートがこれほど混雑しているのは、3月に習近平が訪露した際に中ロ間のロシアの食糧貿易の政府間協議が進んだからだ。ロシアは対中食糧輸出増加に対応するために極東地域に中ロ新食糧陸路回廊を建設しようとしている。

黒竜江省社会科学院の東北アジア研究所の笪志剛所長の分析では、こうした極東協力の加速はロシア・ウクライナ戦争の影響であるという。中ロ貿易額は2023年1〜4月で730億ドルを超え前年同期比41％増。中国はロシアに電子製品、設備、家電、自動車などの消費財を、ロシアは中国に石油、天然ガス、石炭、食糧、金属、木材、化学工業製品などを輸出している。ロシアが西側からの経済制裁を受けたことで他国に売れず、割安になった資源を中国側が全面的に引き受ける形になった。

6000キロも国境を接する中国、ロシアの二つの大国は、その歴史的な経緯を振り返れば、実のところ潜在的に相互に脅威を感じる関係である。特にロシアの中国への警戒心は根強く、ウラジオストク開発も、長らく中国ではなく、日本や韓国から投資を呼び込む努力をしていた。だが、その努力は結果に結びつかなかった。

プーチンがウラジオストクの対中開放を本格的に検討し始めたのは、2015年ごろだと言われている。このころの極東開発責任者は副首相のユーリ・トルトネフで、中国から通行料・利用料を徴収すればモスクワも利益が得られると考えたという。だが、ウラジオストクは商業貿易港だけでなく、ロシアの重要な軍事活動拠点であり、そこの対中開放は、かなり敏感な意味合いを持つ。このため、ロシア側にも躊躇があったようだ。

こう考えるとウラジオストクの対中開放は、ロシアが中国との関係を准軍事同盟化にレベルアップさせる決心を固めたのではないか、という推測も成り立つ。

和平特使・李輝という人選が送るシグナル

習近平3期目の外交は、2期目までの戦狼外交から、「平和外交」あるいは「平和の使者外交」のイメージで打って出た。サウジ・イランの仲介の労をとり、中央アジア5カ国のパトロンの座をロシアから引き継ぎ、疑米論を引き起こしてＥＵや台湾世論を揺さぶるなど、着実に新たな国際秩序の再構築の主導権を握るための布石を打っている。最終的に習近平の平和外交が成功するかどうかの山場は、やはりロシア・ウクライナ戦争の調停で成果を得られるか、だろう。

中国政府はロシア・ウクライナ戦争の調停あっせんのために、現地に派遣するユーラシア事務特別代表に李輝を選んだ。70歳の李輝は元駐ロシア大使、旧ソ連時代からロシア外交に関わり、２００９年から２０１９年まで駐ロシア大使を務め、離任のときには、プーチンから友誼勲章を授与されたほどのロシア通でプーチンの覚えもめでたい。つまり李輝の人選は習近平がロシアの代理人として調停あっせんを行うというシグナルと言える。

5月16、17日にウクライナ・キーウを訪れ、ゼレンスキーとも面会。19日にポーランド・ワルシャワを訪問、フランス、ドイツを訪れ、26日にロシアを訪れた。

外交部報道官の汪文斌は定例記者会見で、李輝がゼレンスキーと会談したと強調したが、「危機を緩和する妙案（原文の中国では霊丹妙薬）はない」と開き直ったところを見るとさしたる成果は今のところない。おそらく、このロシア・ウクライナ間の調停は長引くということだろう。

李輝は19日にワルシャワの外務次官、ウォイチェヒ・グワルウェルと会談。ポーランド外務省によれば、グワルウェルは、北京にロシアのウクライナ侵略行為を非難するように求めたという。

また、ロシアに国際法の原則を遵守するよう圧力をかけてほしいと伝えたそうだ。この部分は、中国外交部側の発表にはない。中国はロシアのウクライナ侵攻以降、ロシアを非難する発言を今までしたことがない。ポーランド首相のモラヴィエツキは、3月に習近平がプーチンと会談した後、「中国はよい調停人ではない。中国は自由世界に反対し、ロシアと仲がいい」と批判的だった。

米国ら西側陣営の懸念は、中国の立場と主張がロシアのウクライナ占領地の凍結に利するものになるのではないか、ということだ。

薬や処方箋を持たぬまま調停工作の任を負った李輝の任務がさらに困難なのは、イランとサウジの調停のときとは違い、ロシア、ウクライナの両者とも戦争をやめたいという意思がほとんどないことだ。

李輝がウクライナを訪れたとき、ロシアは夜間、キーウに密集空襲を実施。ウクライナも反撃準備をしていると報じられ、プーチンは李輝訪問にはなんら配慮を示さなかった。

さらに李輝との会談前に、ゼレンスキーはEUを訪問し、ウクライナの対ロ反撃に際してのさらなる軍事支援を取り付けていた。またゼレンスキーはG7広島サミットに飛び入り参加して、G7はウクライナの支援について「揺るがない」と声明を発表。

「ウクライナが必要とする限り、どれほど時間が長くなっても、我々は財政、人道主義、軍事、外交の支持を提供するだろう」と約束した。ロシアもウクライナサイドもむしろ戦争継続する気まんまんだ。ということで、李輝の平和の使者の任務は、いまのところほとんど遂行不可能。だが、それでも中国が「平和の使者」の立場を放棄しないのはなぜか。

米国ドイツマーシャル基金会、アジアプロジェクト主任のボニー・グレイサーがボイスオブアメリカにこうコメントしていた。

「多くのEU指導者が中国に積極的影響力を発揮してほしいと応援している。なぜなら習近平とプーチンの関係が非常に良く、中国だけがロシアに一定の影響力を持てるからだ。ほかのどんな国、どんな指導者もモスクワにこの戦争に対する態度を変えさせることができない」

つまり、EUサイドがやはり中国に平和の使者であってほしいと幻想を抱いている。そして、グレイサーの分析では、中国の目的は、この機会に欧州との関係を修復したい、ということ。ウクライナ危機以前から緊張が増していたからだ。人権問題、新疆問題、台湾問題で中国と欧州はウクライナ危機以前から緊張が増していたからだ。だが、リトアニアなど東欧国家は、中国の調停者の立場に懐疑的だ。原因は中国がロシアに対する制裁の迂回を助けており、信頼できない、ということ。チェコのパベル大統領も「長期的に見てロシアよりも危険なのは中国だ」と指摘。中国はウクライナ戦争で多くの利益を享受しているので、戦争の調停人として信頼できない、としている。

ワシントンのシンクタンク、戦略国際研究所（CSIS）のボニー・リンがフォーリンアフェアーズに寄稿した分析では、中国の狙いは、欧州が米国主導の反中集団に入らないようにすること、つまり欧米離間だ、と言う。

「中国の政策決定者が米中関係悪化に歯止めをかけられないという悲観的な見方があることに鑑みると、これ（欧米離間）がますます重要な目標となってくる。このために、中国は中立を謳い、ロシアに対する支持も、一定の範囲内に制限を設けていると思われる」

「しかし、戦争が長引けば、北京もこうした中立ポジションを維持し難くなる。最も親密な戦略的パートナー（ロシア）が弱体化すれば、中国の安全環境も複雑になってくる」

２０２３年5月15日、中央政治局委員で外交主管の王毅は、ＥＵの中でもっとも親中的なハンガリーのピーター・シジャルド外相と会談。王毅は「中国側はＥＵの戦略的自主性を支持する。冷戦思考と集団に分かれての対抗（東西冷戦）は欧州の長期的発展に不利だと改めて言いたい」と述べた。

中国がロシア・ウクライナ間の調停をしようというもう一つの要素は、中国がグローバルサウスに、地域紛争問題の解決を助けることができる国だと思われたい、からだという。ボニー・リンは「中国とグローバルサウスの関係が北京にとって非常に重要なのだ。彼らはすでに、そのために多くの努力をしている。北京は途上国が中国を非常に重要な協力パートナーと見て、潜在的なグローバルリーダーとみなし続けてくれると信じている。もし、この戦争終結に何らかの建設的影響力を発揮できれば、（グローバルリーダーを目指す）中国にとって有利となる」と指摘する。

グローバルサウス、途上国は、戦争の長期化がグローバルに与えるマイナス影響にうんざりしている。彼らは戦争の早期終結を望み、中国がそれに影響力を発揮することを望んでいる。米国もこうした雰囲気を感じているので、最近は中国の調停努力に歓迎の意を示すようになっているが、これは中国とある種のレベルでバランスをとって協力する可能性もあることを暗示している。

ブラジルのルラ大統領は、中国の調停を支持している一人で、G20をモデルに、もう一つ、平和20カ国集団をつくって、ともにロシア・ウクライナ調停に取り組むアイデアを言っている。南アフリカのラマポーザ大統領も、アフリカ六カ国元首によるロシア・ウクライナ調停チームをつくることを提案していた。

中国は米国が主導する世界秩序と異なる新秩序を打ち出そうとしているところで、グローバルサウス国家はまさに習近平第3期目に新秩序を広げる目標地域なのだ。サウジ・イラン調停にしろ、ロシア・ウクライナ調停にしろ、中国が打ち立てようとする新秩序と関連がある、と見られている。

中国は、新秩序を形づくる3つのイニシアチブを打ち出している。グローバル発展イニシアチブ、グローバル安全イニシアチブ、グローバル文明イニシアチブだ。ブルッキングス学会中国問題専門家で、元オバマ政権の国家安全委員会アジアシニア主任のライアン・ハスがＣＮＢＣの取材で、こう語っていた。

「中国の調停介入は、北京が今後の欧州の安全枠組みの輪郭決定になんらかの発言権を持とうとするためのもので、（戦後の）ウクライナ再建で積極的役割を演じ、欧州が紛争からの全面的復活の中で重要な役割を演じたいということだ。だから中国は和平を勝ちとることを望むが、（ロシア、ウクライナ）どちらが勝ってもいいと思っている」

しかし、グレイサーはまた違った考えで、「ロシアの完全敗北を避けるのが、中国が調停に参与する目的の一つだ」という。「ロシアが完全に失敗し、プーチンが下野すれば中国の利益と合致しない。だから中国の調停は簡単でないのだ」と。

李輝に期待できるところは、今のところ何もない。中国の立場は双方がまず停戦をしてから話し合いを行おうというものだが、ウクライナとロシアはともに、こうした停戦条件を受け入れる可能性は大きくない。ウクライナのゼンレンスキーは、ロシア軍がクリミアを含むウクライナの領土から完全撤退しない限り、ウクライナはいかなる和平協議のアレンジも受け入れないと言明している。プーチンも、ロシア軍が占領したクリミアとドンバス地域を含む「ロシアの領土」を自主的に放棄する可能性はない。李輝の動きは、だから結局、調停を成功させることではなく、長引く戦争の中で、欧米離間を画策し、グローバルサウスの信頼を固め、特にグローバルサウスに「戦争が長引くのは米国が戦争好きのせい、米国が悪いのだ」と信じさせるための演出に徹するということではないか。

すべての外交アクションは「台湾統一」を念頭に

習近平の「平和外交」が成功か不成功かは、ロシア・ウクライナ戦争がどのような形で決着するかによって決まる。それによって、おそらく習近平「独裁新時代」の命運も決まるだろう。可能性として考えられるパターンを、5つほど考えてみたい。

1、中国が再びロシアを見限り、ロシアに対し圧力をかけ、ウクライナの要求を満たす形で停戦する。ロシアの完全敗北という形で終わり、プーチンが戦犯として責任を追及される。習近平が目的としていた「プーチンを守る」ための「和平調停」は失敗、だが、国際社会は少なくとも当面は中国に対して感謝、評価を示し、中国共産党政権としてはむしろ「グローバルリーダーの地位」に一歩近づくことになるだろう。

このとき、懸念すべきは、中国がロシアを見限るバーターとして、台湾有事の際の対中制裁に参与しないなどの条件をＥＵに飲ませ、欧米分断に成功し、台湾統一準備の環境を整えるのではないか、ということだ。

２、中ロが軍事同盟化に舵を切り、ロシアの戦争を中国が本格的に支援する。このとき、台湾有事が並行して勃発する可能性もあり、まさに第三次世界大戦への導火線となる可能性がある。習近平の「平和外交」は失敗ではなく、新たな戦争準備のための時間稼ぎ、目くらましであったということになる。

３、中国はロシアを懸命になだめるも、プーチンは中国を信用せず、核兵器を使用し、習近平の面子をつぶす。習近平の平和外交は完全に失敗となり、プーチンに肩入れしすぎた習近平は道連れとして権力を失う可能性もある。

4、「和平外交」が特に成果もあげないまま、米国大統領選を迎え、米政権が交代する。かりにトランプが大統領になったならば、民進党政権とウクライナ政府との癒着などスキャンダル暴露とともに、米国自体が戦争から手を引くこともありうる。米国の支援がなければウクライナも戦争が継続できないので、停戦、あるいは休戦状態に入る。

だが、米共和党政権はウクライナ支援から手を引く代わりに、台湾有事対応への体力温存準備に切り換え、米中対立は一層先鋭化するかもしれない。和平外交の成功ではなく、次の戦争・台湾有事の始まりにつながる可能性があるということでもある。

5、中国の説得で、ウクライナがクリミアをあきらめて停戦合意。2022年2月以前の状況に戻る。ロシア・プーチン体制は維持され、習近平はロシアに大きな貸しをつくる。同時に、ロシアが弱体化し対中依存を深め、ウクライナの復興計画の主導権を中国が握れば、習近平の「平和外交」は成功との評価を受けるし、ユーラシアの安全保障枠組みは習近平に有利に再構築される。中国をめぐる国際情勢が中国の有利な方向で変化し、習近平独裁時代の長期化に利するかもしれない。

これ以外にいろんな可能性があろうが、いずれにしても、誰もが完全に幸せになる終わり方というものはないし、最終的には台湾有事の可能性は高まる方向に時代の空気は流れているのだ。

この章で習近平3期目の平和外交路線を振り返ってみて、一つの納得いく結論は、習近平2期目までは「戦狼外交路線」で、それが「平和外交路線」に切り換わったわけでないということだ。国際社会の新たな枠組みの再構築を中国主導で行うという目的のために、戦狼の面をかぶるか、微笑の面をかぶるかの違いでしかなく、その仮面の下が恐ろしい独裁者であることに変わりはない。そして、その独裁者が自らの地位を強固とするために絶対必要と考えている重要なプロセスが台湾統一であり、習近平のすべての外交アクションは、今後起きうる台湾統一プロセスを念頭に進められていると言ってもいい。

だが、平和外交イメージを打ち出したところで、国際社会のほとんどの国がその仮面の下が独裁者であることを知っているのだから、台湾も、自ら平和統一によって中国に併呑《へいどん》されたほうがよいと判断することはないと思う。それがたとえ国民党政権になったとしても、だ。平和統一の可能性は、習近平体制、いや共産党体制が継続する限りゼロだ。とすると、残るは武力統一という話である。

ロシア・ウクライナ戦争は、その予兆、突然の侵攻から、出鼻をくじかれる作戦の失敗、長期化する戦局の動き方、国際社会の反応、すべてが中国にとっては台湾武力統一時に想定すべき状況の参考になったことだろう。習近平が台湾統一の考えを放棄しない限り、早晩、台湾武力統一は起こりうる。

だが、そうなれば、おそらく習近平「独裁新時代」に終止符を打つ決定的な事件になると私は信じている。少なくとも、ロシア・ウクライナ戦争がプーチン独裁に終止符を打てば、その考えは一層説得力を持つだろう。

そして、たとえ、台湾海峡で戦争が勃発しなくとも、台湾統一ができないことを習近平が認めた時点で、その異例な形での独裁継続は断念せざるを得なくなる。

習近平の平和外交が、どのような紆余曲折をたどるか、まだ先は長いようだが、その先に台湾統一を見ている限り、それは習近平「独裁新時代」の崩壊のカウントダウンと言える。

第3章

コロナ政策転換でも光が見えない「新時代」経済政策

経済政策路線変更のウィンカーに騙されるな

習近平政権は2022年12月に入ると、はっきりとゼロコロナ政策を撤回し、コロナ「躺平主義」(寝そべり主義=放置)に転じた。すると、北京を中心に新型コロナ感染が一気にアウトブレイク(感染拡大)した。

PCR検査をしなくなったので、感染者の数は分からない。また死者の数も、「肺炎、呼吸器疾患のみを新型コロナ感染による死者とする。血栓や心筋梗塞、脳梗塞、あるいは基礎疾患がある患者に関しては、コロナ感染による死亡例としてカウントしない」という独自の定義では12月19日に7人で、その前の6日間はゼロが続いていた。

だが、北京市民の投稿するSNSなどでは、火葬場がパンク状態で長蛇《ちょうだ》の列ができていることや、病院内の廊下にまで遺体が放置されている状況などが告発されていた。

中国疾病予防コントロールセンターの感染症学主席専門家、呉尊友の12月17日の発表によれば、米国、香港などのデータを参考に推計して、この冬の中国における感染率は10〜

30％前後、死亡率は0・09～0・16％だとした。この発表をもとに香港の星島日報は2023年4月までに中国で最大4・2億人が感染し、67・2万人の死者が出るだろうと報じた。人口規模で考えれば感染は日本並みだ。だが、情報統制、情報隠蔽が常の中国で、本当にこの推計通りになるのかは分からなかった。

そんな新型コロナの激震に見舞われている北京で、2022年12月15～16日に重要会議「党中央経済工作会議」が行われた。

党中央経済工作会議は、党中央として経済政策を決めるために毎年年末に開かれる会議だ。この会議で実際の予算案も成長目標も組み立てられる。年明け3月の全国人民代表大会で採決される経済政策案は、だいたいここで固まる。

クローズドな会議なので具体的な内容は時間が経たないと分からないのだが、少なくとも新華社やCCTV（中国中央テレビ）で報じられた、ざっくりとした方針から読み解ける部分からいえば、かなり異常な会議だった。

まず異常に感じられた点は、CCTV（中国中央テレビ）が報じた会議の様子の映像だ。

習近平が重要講話を語り、2023年3月で首相を引退する予定の李克強が来年の経済活動の配置を語り、同年3月から首相になる予定の李強が2022年の経済の総括講話を行った。注目されたのは、この演説のときの主席台(ひな壇)に座るメンバーと人数である。

習近平の重要講話のとき主席台に並んだのは、習近平以外の政治局常務委員メンバー6人と副首相の韓正。だが、李克強はいなかった。李克強が講話したときは、韓正、李強、蔡奇、丁薛祥の5人。李強の講話のときは、丁薛祥が隣りに座っただけだった。

李克強と習近平は、最後まで同じ舞台に立つことがなかった。この様子から、李克強と習近平の関係はやはり党大会以降修復されていない、ということが印象づけられた。

さらに、欠席者が異様に多かったことも注目された。12月20日の香港紙・明報によれば、近年最も欠席者の多かったハイレベル会議だったという。

三農問題担当の副首相、胡春華は、習近平の中東外交に怒り心頭だったイランをなだめるためにイランに外遊し、帰国後の「隔離」期間に当たるために欠席。生態環境部長の黄潤秋はカナダで開催された国連COP15会議に出席するために欠席。政治局委員の張又俠、何衛東の2人の軍事委員会副主席も欠席。軍人だから経済に関係ないというなら、国防部長の魏鳳和や軍事委員の劉振立、苗華が出席しているのと整合性がとれない。

ほかにも、王晨(全人代副委員長)、楊暁渡(中共国家監督委員会主任)、許其亮(国家軍事委員会副主席)、趙克志(国務委員)らが欠席。副首相の孫春蘭、劉鶴は出席しているのに、劉金国（中央書記処書記）や周強（最高法院院長）、張軍（最高検察院長）は姿が見えない。

丁学東（国務院常務副秘書長）、姜信治（中央組織部常務副部長）、劉建超（中央連絡部長）、劉結一（国務院台湾事務弁公庁主任）、唐登傑（民政部長）、唐仁建（農村農業部長）、馬暁偉（国家衛生健康委員会主任）、王祥喜（応急管理部長）ら、本来出席しているはずの高級官僚らも欠席していた。

また経済工作会議に絶対出席しなければならないはずの王広華（自然資源部長）、易綱（中央銀行総裁）、郭樹清（銀行保険監督管理委員会主席）、易会満（中国証券監督管理委員会主席）、侯凱（審計署長）、羅文（市場監督管理総局長）、陸昊（国務院発展研究センター主任）なども欠席だった。地方省長、書記の多くも欠席だった。

これほど欠席が多い理由は、明らかにされていない。ただ、12月13日の段階で、本来1000人規模の出席者がいる中央経済工作会議を新型コロナ感染の猛威の中で開くのは無理だと、延期を求める声があった。それを、習近平はかなり強引に開催することに決定した。なので、欠席者たちの多くが実際に新型コロナに感染して出席できなかった可能性もある。

米メディアのラジオ・フリー・アジア（12月19日）は北京の匿名官僚の情報として、第20回党大会の期間中にすでに北京で新型コロナ感染は蔓延しており、当局は政治日程を優先させるためにずっとこれを隠蔽してきたが、12月初めに退職高級幹部の大量死が起き、習近平がゼロコロナ政策転換に踏み切ったのだ、と報じていた。

もう1つ異常に感じられたのは、習近平の経済路線が、まるで急旋回したように民営企業支持を打ち出していたことだった。

これまでの「国進民退」「共同富裕」の経済路線は、実際に、民営企業の寡占を懲罰し、儲けている民営企業に寄付を強要し、民営企業家の持ち株を売却させるような動きにつながっていた。民営企業を教育分野などからほぼ完全に締め出す法改正まで行われた。

だが習近平は中央経済工作会議で、公有経済と非公有経済（民営経済）の両方を揺るぎなく発展させる「両個毫不動揺」というスローガンを繰り返した。

このスローガンは第20回党大会でも言及されてきたが、今回は、「我々は明瞭な態度で、曖昧《あいまい》なところが少しもない状態で、終始、社会主義市場経済改革の方向性を堅持し、終始、両個毫不動揺を堅持せねばならない」と強い調子で訴えていた。

「民営企業は党の指導のもと、党の政策と自身の努力によって発展してきた。私は一貫して民営企業を支持し、民営企業が比較的発展している地方で働いてきた。……河北省正定、福建省、浙江省、民営企業の繁栄を支持し、中央に来てからは2018年に民営企業座談会を開いた」「民営企業と民営企業家は我々の仲間だ」と語り、民営企業支持を強く打ち出した。

また、「対外開放を推進し、国内の循環にグローバルな資源を吸引し、良質な外資を留め置けば、さらに質の高い外資がやってきて、貿易、投資、協力のクオリティとレベルを引き上げることになる」と、対外開放と外資導入への積極的な姿勢を強調した。

習近平は会議で社会政策について、とくに若者、大卒者の就職問題を突出した位置に置く、とした。これは中国当局が「白紙運動」と若者の就職難問題との間に因果関係があると考えているという噂を裏付けた。

また経済政策として、2023年に内需を拡大すると打ち出し、投資奨励、輸出増加に取り組むとした。政府は、社会投資全体を効果的に引き出し、民間資本を政府の重大プロジェクトや短期的プロジェクト建設に引き入れるよう奨励する、という。

このことから、「習近平第3期目は、鄧小平改革開放からの逆走路線、毛沢東路線回帰を改め、再び鄧小平路線に戻り、民営企業による市場経済化を推進していき、対外開放も進めていく方向に、華麗に急旋回する」という期待の声もあがった。
だが、私としては、米サウスカロライナ大学教授の謝田がラジオ・フリー・アジアに語った次のコメントに注目している。

「習近平が民営企業を支持するようなことを話したのは、『右のウィンカーを出しながら左にハンドルを切る』ようなものだ」

「習近平が国有企業を強化し、中国経済に対するコントロールを強化し、民営企業を再編し搾取していく趨勢《すうせい》は変わらないだろう」

高速道路を走る車が右にウィンカーを出しながら急に左にハンドルを切れば、これは大事故が起きるのではないか。現に今のゼロコロナ政策撤回後の感染爆発は、11月26日まではっきりと「ゼロコロナ政策は揺るがない」と言い続けていた習近平が11月30日にいきなり逆方向にハンドルを切ったことによる、現場の準備不足や情報不足によるものではないだろうか。本当に経済路線を変更させるのなら、パージした李克強派ら共青団派のベテラン官僚の協力が必要だろうが、そんな素振りは今のところない。

事故を起こすのがハンドルを切った車だけであればいいのだが、後続車、対向車、歩行者までをも巻き込む大惨事になる可能性もあるのではないだろうか。

ゼロコロナ政策転換は新たな危機の始まり

ゼロコロナ政策の全面的転換は12月７日に国務院聯合防疫コントロールメカニズム当局が打ち出した「新十条」と呼ばれるゼロコロナ政策最適化10項目をもってはっきりした。簡単に内容を列挙すると、次の通りである。
（1）封鎖する場合は正確に、ハイリスク地域に絞って勝手に拡大しない。いきなりロックダウンはしない。
（2）ＰＣＲ検査対象を縮小し、少しずつ減らしていく。病院、養老院、託児所、小中学校など特殊な場所以外は、ＰＣＲ検査陰性証明提示を要求しない。

（3）無症状陽性者、軽症者は、家庭で自主隔離か集中隔離施設かを自分で選択。
（4）ハイリスク地域封鎖は5日間、新規感染者が出なければ解除。
（5）薬局は勝手に営業をやめない。薬の購入に勝手に制限を設けない。
（6）高齢者のワクチン接種を加速。
（7）基礎疾患者に対する分類管理。
（8）非ハイリスク地域の人的流動、生産・営業を停止してはならない。社会の正常運転、基本的生活物資、ライフライン供給などを保障。
（9）消防車両の通り道やコミュニティのゲートなどを封鎖しない。
（10）学校の防疫工作の最適化。感染の起きていない学校の正常な開放、など。

実は11月半ばに、すでにゼロコロナ政策最適化20条を打ち出していたが、このときは習近平が強くゼロコロナ政策堅持の姿勢を崩さなかったために、地方政府は従わなかった。だが、新十条は習近平自身の指示であったことから、全国各地方は一斉にPCR検査ステーションを閉鎖し、建設したばかりの強制隔離用のキャンプを解体し、「大白」と呼ばれる防疫職員の姿も消えた。

さらに、健康コード、行程コード、ＰＣＲコードなど、ゼロコロナ政策において人民の監視に利用されてきた様々な管理統制アプリを廃止することも発表。多くの場所で、それまで健康コードを提示してグリーンでなければ乗れなかった高速鉄道の移動も解禁された。

広州や上海、成都など厳しいロックダウンに見舞われていた地域では、封鎖されていたゲートが撤去され、閉じ込められていた人々が歓喜の声をあげて外に出てくる様子、爆竹を慣らして祝う様子などがＳＮＳで拡散されていた。

だが、このゼロコロナ政策転換はあまりに急であり、現場の官僚も病院や医薬品会社なども、なんら準備が整わないまま、政策転換による感染のアウトブレークに直面することとなった。病院はパンク状態、医薬物資は不足し、火葬場では遺体があふれ、阿鼻叫喚《あびきょうかん》の状況となった。

中国当局が公布する新型コロナ新規感染者は、12月2日の６万２４３９人から12日の８８４７人へと急減しており、あたかも順調に新型コロナ感染状況から脱しつつあるように見せかけていたが、要は、ＰＣＲ検査をしなくなったから陽性者の数が減っただけ。12月13日からはＰＣＲ検査を行っていないという理由で、無症状感染者数の公表も停止した。

これで本当の感染状況が、ますます不明になった。

市民は強制隔離の恐怖に怯《おび》える必要はなくなったが、体感として近所や知り合いの感染が急増しており、不安に駆られた。

北京の主要な病院では、新型コロナ感染により、高齢者の死亡が増えた。ネットには、遺体を火葬場に運ぶ黒い霊柩車が延々と並び、渋滞している様子の写真や、抗原検査薬や風邪薬、N95マスクなどが売り切れていることを示す薬局の看板の写真などがあふれていた。

華字ネット・ニュースサイトのアポロネットや大紀元では、中国問題専門家のゴードン・チャンのコメントを引用して、「中国はおそらく、感染症の『核の冬』に直面する。（ゼロコロナ政策という）予防に失敗したら、中国共産党にはもうプランBがない」「この冬、100万人が感染症で死ぬかもしれない」とし、中国共産党が有史以来の極めて厳しい試練の一つに直面する、と予言した。

「中国新聞週間」誌によれば、中国疾病予防コントロールセンターの元主任で、国務院の聯合防疫コントロールメカニズム専門家チームの一人でもある馮子健は12月6日、清華大学主催のオンライン討論会「いかに理性的に、オミクロンに対応するか」の中で「最終的に我々の80〜90%が感染するだろう」と語ったという。

結果として、高齢者や弱者の死者は推計130万人といわれている。だが中国共産党は、こうした犠牲は経済回復に必要な措置であったという決断を下したと言える。

こうした厳しい試練を覚悟のうえで、ゼロコロナ政策の転換を打ち出した中国だが、その最大の理由は、大学で拡大する「白紙革命」の勢いに習近平自身が譲歩せざるを得なくなったからだという見方が強い。

だが少なからぬ大学では、こうした習近平政権側の譲歩によって完全に落ち着いたとは言えない。

12月11日夜、四川大学華西臨床医学院では、約100人の学生が、安い賃金で病院にバイトを強要されたとして、キャンパス内で「同工同酬（同じ仕事に同じ報酬）」「（春節休みの）帰省させよ」「ダブルスタンダード拒絶」「脅すな」などのスローガンで抗議デモを起こした。

さらに12日も、同様の理由で、分かっているだけで江西医学院、四川省川北医学院、雲南省昆明医科大学、江蘇省徐州医科大、南京医科大学、福建省福州大学の6つの医学系大学でもデモが起きている。彼ら医学生は実習の名の下に月額1000元という正規の医療従事者の10分の1以下の報酬で、N95など必要な防護装備も与えられない状況で、長期にわたりハイリスクな医療現場で医療雑務に従事させられていることへの不満を、デモの形で爆発させたのだった。

昆明医科大学では私服警官がキャンパス内に入りデモ隊と衝突し、流血の騒ぎも起きたという。だが、ほとんどの大学当局は学生たちの要求を受け入れる形で解散させたらしい。

これら医学生デモは「白紙革命」と違い、政治的なメッセージはスローガンにない。それよりはむしろ、低い賃金による強制労働への不満、労働者としての不満が直接的なトリガーとなった。ゼロコロナ政策転換は、新型コロナアウトブレイクによる弱者、高齢者を犠牲にしても経済を回復させよう、という目的での決断であったが、むしろ新たなリスクを顕在化させることになったのだ。

体制内エコノミストが指摘する中国経済ゾンビ化

習近平のゼロコロナ政策、習近平政権1期、2期に継続していた計画経済回帰の経済政策のツケは2022年12月、ゼロコロナ政策の突然転換にともない顕在化した。

習近平がゼロコロナ政策を放棄したのは「白紙革命」の勢いに恐れをなした、というのが理由の一つとされるが、もう一つの要因は中国31省・自治区・直轄市がすべて財政赤字に陥り、中国全体の財政赤字が過去最高の10兆元を超えたと推計され、このままでは中国経済が崩壊するという危機感の前にそうせざるを得なかったからだといわれている。

象徴的な事件が、中国産業発展促進会技術顧問で主席エコノミストの魏加寧が２０２２年12月24日の中国金融安全フォーラムで、中国経済の回復は、「中国が法治上の現代化国家になること」と主張したことだった。しかも、「政府のゾンビ化（機能不全）」を激しく批判し、「決策の重心が高すぎる」という表現で、習近平独裁をはっきりと批判していた。

魏加寧の発言は中国内のメディアやサイトでは紹介されていない。米国の華字ニュースサイト・美中時報で紹介され、話題になった。

魏加寧は、経済成長の長期にわたる失速はすでに国家経済安全を脅かす主要な原因となっているとし、かつて（２０２２年1月）「もし経済が下降し続け、一旦臨界点を超えると、断崖絶壁から墜落するかのように失速する」と発言したことを振り返り、「不幸なことに（２０２２年）４月以降、断崖絶壁から墜落するかのような失速が始まっている」と中国経済の悪化がすでに臨界点を超えている現状を指摘した。また、２０２２年5月25日に李克強首相が招集した経済官僚10万人による緊急テレビ会議で、6つの方面について33の対策を打ち出し、12兆元を投じる経済安定計画を打ち出したことについて、「2009年のリーマンショックの手当のために中国国務院として4兆元の財政出動したときと違って、なんら市場にポジティブな影響を与えなかった」と語った。つまり、今の中国の経済安全リスクは、国務院の小手先の政策で回避するには手遅れであることを示唆したのだ。

魏加寧は、目下の中国経済の直面する問題について「6つのゾンビ化（機能不全）リスク」と表現した。

1．市場のゾンビ化

米国が主導する中露〝デカップリング〟に加え、国内市場がコロナ防疫政策の影響を受けて計画経済回帰に進み、国内消費が委縮したことが問題の深刻さに拍車をかけた。

よく中国に14億人の巨大市場があるから問題ない、と言う人がいるが、魏加寧は「巨大人口規模は改革開放（国際市場とのリンク）があるからこそ有利に働くのであって、改革開放がなければ巨大人口は不利にしかならない」と指摘している。

２．企業のゾンビ化

中国がこの数年、国有企業の利潤化を進めるために民営企業を犠牲にしたことが原因。民営企業は銀行からの融資を受けられず、一方で国有企業は国家信用を担保に低利の融資を受け、それを民営企業にまた貸しすることで中間利益をとるようなこともしている。そして国有企業は市場を寡占し、価格を上昇させている。近年上流価格が上がり、下流価格が下がっているのは、国有企業が上流市場に集中し、寡占による価格上昇で利益をむさぼっているからだ。

一方で民営企業は独禁法違反や融資基準が厳しく取り締まられ、倒産や夜逃げが増えた。世論から批判され、政策環境は変化が多く、民営企業に「躺平」（何もしない、諦めムード）が広がっている。

比較的経営がうまくいっている民営企業があえて銀行から資金を借りずに、事業を縮小して身を守る「借り惜しみ」、あるいは借り入れしていた資金を期日前に返還する現象も最近増えている。こうした状況により国有企業、民営企業ともに、競争力、体力が失われている。

3．銀行のゾンビ化

国有大型銀行については、融資意欲が下降し、貸し渋り現象、債務の前倒し返済現象が起きている。また銀行と企業が結託したフェイク・ローン（銀行は融資ノルマを達成し、企業は借りた金を同じ銀行に預金し、利子を得る）などの現象も増加。

中小民営銀行は不良資産を抱えて立ち往生し、一部中小銀行は不正や不良債権が暴露され、河南村鎮銀行の取り付け騒ぎのような問題も発生。国有大手銀行も中小民営銀行も、融資能力が低下し、機能不全に陥っている。

4．中央銀行のゾンビ化

企業の「借り惜しみ」、銀行の「貸し渋り」現象の増加は、貨幣政策の柔軟性を失わせた。通貨の供給過剰は実体経済に至らず、むしろ物価を押し上げ、最終的にスタグフレーションを引き起こしている。

5．財政のゾンビ化

中国の国家財政はもともと、東南部沿海省、特に長江デルタを構成する省市が上納する財政余剰金を中西部の貧困省に移転することで運営されてきた。だが今年、長江デルタ一体の省市の財政収支に巨額赤字が出現。

このため、国家の財政政策はポジティブな影響力を持てなくなった。

また、インフラ施設建設のGDPに占める割合が上昇し続けている昨今、GDP成長が減速の一途をたどっているということは、投資による経済成長効果が下がっているということでもある。

6．政府のゾンビ化

目下、決策（政策の決定）の重心が高く偏りすぎており、必然的に下の現場に降りてくる政策の左右の振れ幅が大きくなり、極端から極端に変わる。

防疫政策のプロセスにおいて、「躺平」（寝そべり、何もしない）でいくかどうかは、民衆側の選択の問題であり、政府としての「躺平」（無策）は永遠にあってはならない。

資本主義社会であろうと社会主義社会であろうと、これは同じだ。

魏加寧は、こうした６つのゾンビ化を防がねば中国経済の回復はありえない、と見ている。だが、どうすればそれが可能なのか。

習近平は２０２２年12月の中央経済工作会議では民営企業の振興を打ち出し、これまでの計画経済回帰路線、国進民退路線を転換させるかのようなシグナルを打ち出した。さらに12月末の政治局会議では内需拡大戦略計画綱要を発表し、これまでいじめてきた民営プラットフォーム企業や教育研修企業に有利な政策を出すようなシグナルも送っている。だが、それは習近平が本心でやりたがっている政策ではなく、党内の圧力に負けて譲歩して打ち出した政策と見られ、中国内外の人々、投資者たちはほとんど信じていない。

習近平の過去10年の政策は、中国人民、そして国内外の投資者たち、国際社会からの中国に対する信用を完全に失墜させてしまったのだ。すでに言及したように、多くの人が、習近平は右にウィンカーを出しながら左にハンドルを切って暴走する運転手であると見ている。

そこで魏加寧は言う。

「まず民衆の信用を取り戻すこと。……私の近年の政策の過ちを批判してきた論文はすべてネットで削除されている。……当局は私の提言文書の削除を解除すべきではないか？」

「次に、民主的法治建設を中心とすること。ゼロコロナ政策解除後、『経済建設を政府任務の重心に回帰させよ』と言う人がいるが、私の見方では、経済建設中心ではなく、法治建設中心に回帰すべきだ。国内外の投資者が最も重視するビジネス環境は法治である。……中国政府が今から、真面目に法治建設を行えば、必ず中国経済は新しい経済成長の軌道にのる」

「最後に、真面目に全面的に反省することだ。……心から各地、各レベルの政府と広大な人民は今からすぐに全面的な反省を行い、できるだけ早く法治上の現代化国家になってほしい。そうすれば中国経済は再び飛躍する」

習近平を名指しで批判しているわけではないが、文脈から見れば、今の中国経済はこのままでは崩壊を免れ得ず、崩壊を回避するためには、もはや経済政策を講じるのではなく、法治の現代化に舵を切るしかない、ということだ。

そして、「政府各レベルは真面目に反省せよ」と言うが、おそらくもっとも真面目に反省すべき、この中国の経済崩壊危機を引き起こした最高責任者として、習近平を思い浮かべているであろう。

不動産市場の低迷から、中国信託業界崩壊へ

2022年暮れから2023年1月にかけて、新型コロナ感染症が再び広がり、不動産市場の調整が難航、その前から露見していた中国の信託業界の危機がさらに深刻化した。

中国信託業協会の公表した最新のデータによると、2022年第3四半期、業界の累計売上は673・5億元、前年同期比22・8%の下落となった。累計利益は381億元で、前年同期比31・2%の下落である。

中国信託業界の危機を象徴する事件は2019年に巨額デフォルトを起こした「安信信託事件」が知られている。その安信信託が3年の時間を経て2022年末に再編プロセスをほぼ終え、「建元信託」に社名を変更した。これで、中国からは「安信」が消えた。

だが、この事件で巨額資産を失った投資家たちから、事件の真相が公式に報じられてい

るものよりもずっと深刻であるとの話を聞いた。

安信信託は中国最初の投資信託運用会社で、前身は鞍山市信託投資。1987年に設立され、1992年に株式会社となって1994年に上海証券市場に上場、2004年に本社は上海に移転した。

中国には68の信託会社があり、上場信託会社は2つしかないが、そのうちの1つであり、規模も最大級だ。2020年1月9日に発表された、ルパート・フーゲワーフ研究院が選ぶ2019年の中国500強民営企業では、352位（時価総額210億元）にランキングされていた。

ところが、安信の不動産信託商品が、2019年5月以降、償還期日を過ぎても続々と償還されない事態が発覚した。安信側は、「リスクコントロールはできており、予定通りの償還を行う」と対外的には言い続けてきたが、これら不動産信託のデフォルトリスクの情報はあっという間に広まり、償還期限の来ていない信託を買っていた投資家たちも安信に詰めかけ、一時は警察と投資家たちが衝突する騒ぎになった。この騒ぎによって信用はさらに失墜し、新たな不動産信託商品が売れなくなり、資金繰りが行き詰まった。

2019年5月20日、償還期日を迎えた安信の信託プロジェクトのうち25が予定どおりの償還ができなくなった。この25のうち単一資金の信託プロジェクトが13あり、総額59・4億元、集団投資信託プロジェクトは12で総額58・2億元。合わせて117億元以上と報道されている。

安信はこうしたデフォルト危機の原因として2018年の売り上げが不振だったことと、役員らへの報酬が急増したことによるもの、と説明していた。売り上げについては、管理前年同期比96・3%減の2・1億元にとどまり、純利益は18・3億元の赤字で前年度同期比150%減だったと説明。だが、売り上げが不振なのに、なぜ役員報酬が急増するのか。実は、本当の理由は別にあった。

中国経済週刊誌「財経天下」によれば、安信信託の失墜は、マネープールファンド投資の失敗もあるが、多くの幹部、関係者たちが資金を横領し、個人の投融資に使ったのが主たる原因だとしていた。

2019年上半期から、安信信託自身が公にした負債は276億元で、さらに続々と金融商品のデフォルトが続いた。

2020年4月3日、中国銀行保険監督管理委員会傘下の上海銀行保険業監督管理局(上海銀保監局)の発表によれば、安信信託は、信託投資業務の中で多くの規則違反行為を行っていたという。上海銀保監局は罰金１４００万元の支払いを命じ、これは信託業界最大の罰金額となった。

２０２０年末までに、安信が関わる訴訟は80件にのぼり、２０２０年末までにこうした訴訟の被害額は７５２・８億元に上るとされた。

被害に遭《あ》った投資家たちの話を総合すると、多くの投資信託契約で虚偽のプロジェクトをでっち上げており、捏造したＦＳ（Ｆｅａｓｉｂｉｌｉｔｙ Ｓｔｕｄｙ：実行可能性）レポートを見せて、投資家たちを騙していたという。ＦＳレポートを作成するファンドマネジャー、弁護士や、評価を行う監査事務所も、賄賂をもらって偽の報告に加担していたという。

安信は投資家から集めた資金の一部を、信託契約に記載されている建設プロジェクトに投じるとしていたが、実際はその大半を資金プールに入れ、そこで政府が本来禁じている違法な投融資に流用し、一部はマネーロンダリングされて密かに海外に資金移動されていると投資家たちは訴えている。投資家は主に上海の富裕層であり、弁護士、税理士、会計士といった士業も多く、デフォルト後、それぞれが独自に調べ、真相に迫ろうとしたという。

たとえば、安信がデフォルトに陥った不動産信託の中に、温州泰宇花苑プロジェクトに対するマネープールファンドがあった。２０１１年4月以降、4億元の資金を調達して、年利10～11・８％と予定されていた。この信託プロジェクトで集まった資金のうち、２億元以上は泰宇花苑プロジェクトの後続の開発建設に投じられるということだったが、結局、ファンドはデフォルトし、その資金の行き先も不明である。

こうしたデフォルトにより、少なく見積もっても、およそ1万３０００人の個人投資家の資金が蒸発し、その被害額は１０００億元を下らないという。

投資家の中には、安信の数々のデフォルトは上海銀保監局幹部と結託して組織的に行った詐欺犯罪だと言う人もいて、２０２０年7月、上海の人民法院や検察院に刑事告発書を出した。だが、告発の受理は拒否された。

こうした騒動を受けて、当時の上海市書記の李強もようやく安信事件の深刻さを認識し、筆頭株主で持ち株比率52・4％を保持していた上海国之傑投資発展の持株を段階的に凍結。最終的に２０２２年12月25日の段階で、上海国之傑投資発展の持株比率は３・８％にまで下がった。

また、国有企業の上海電気集団が主導して、安信の再編プロセスが進められることになった。だが違法融資詐欺の被害者の損失を、国有企業の資産を使って補填するわけにはいかず、そもそも圧倒的に資金も不足していたことから、投資家は泣き寝入りするしかない状況という。

上海電気集団自身もこの時期（２０２１年８月）、子会社の汚職問題の発覚があり、董事長の逮捕、総経理の飛び降り自殺問題で揺らいでおり、安信の再編プロセスは複雑化した。再編は難航し、中国信託業保障基金や中国銀行、上海空港なども再編計画に参与することになった。

一方、上海公安局は２０２０年６月５日、安信の筆頭株主、上海国之傑投資発展の代表である高天国を違法融資容疑で逮捕。だが、高天国は病気（すい臓がん）を理由に仮釈放され、起訴される前の２０２２年４月４日に死去し、被疑者死亡で不起訴となった。

高天国は四川省出身のビジネスマンだが、元政法委員会書記（公安システムトップ）で、服役中の周永康の庇護を受けて暗躍していた四川マフィアの劉漢（２０１５年に死刑執行）ともつながる人物である。

被害者の投資家たちは、この事件の背景には上海銀保監局幹部、上海市公安幹部、中央の大物官僚政治家の癒着、利権もあったと疑っている。その証拠となる、ハイレベル官僚、政治家への賄賂の送金リストなどを持っているのが高天国だとすれば、高天国の死去はタイミングが良すぎるかもしれない。

投資家たちは、安信信託はまだ「受託資産の背信使用罪」「契約詐欺罪」で追及しなければならない、と主張しているが、キーパーソンの「病死」によって、この事件は真相にたどり着くのが一層難しくなった。

再編が終盤を迎えた2022年12月8日、安信は未公開株発行の許可申請を中国証券監督管理委員会に受理された。

2021年7月23日に安信は、上海砥安投資管理（上海電気や中国信託業保障基金などが出資して設立した企業）に未公開株を1株2・1元で譲渡し、90・1億元の資金調達を行う旨を発表している。中国証券監督管理委員会がこの未公開株発行を認可すれば、上海砥安投資管理が持株比率44・4％で筆頭株主となる。

また、安信と中国銀行上海市支店が債務和解し、安信の一部資産の権利を同銀行上海支店に移転し、安信の未償還債務に充《あ》てることも決まった。この資産には、信銀国際の3・4％の株権、華安基金の信託商品の収益権など4000万元相当の抵当ローンの債権、時価総額8億元の湖南大宇新エネルギー技術の株券なども含まれる。

現時点において筆頭株主である中国信託業保障基金とも12月29日に債務和解協議に合意

し、総額55・24億元の債務関係が解消された。

さらに安信信託は、2022年12月25日に社名を「建元信託」と変更している。証券コードは安信時代と変わらない。

2023年1月9日には、新株主による同年最初の臨時株主総会が行われた。この株主総会によって、およそ3年にわたって混乱を引き起こした安信事件の事実上の「幕引き」が行われた。だが、事件が幕引きとなっても、1万3000人の投資家の失われた資産が補填《ほてん》されることはない。

中国では2021年に民営不動産最大手、恒大集団のデフォルト事件、2022年に河南村鎮銀行の預金取り付け騒ぎといった全国的な金融リスク事件が発生し、国際社会でも大きく報じられたが、上海を舞台にした安信事件は〝よくある投資信託デフォルト事件〟として中国国内でもあまり深くは報じられてこなかった。それは、「この事件のほうが政治的な闇が深いからだ」と投資家たちは主張する。

中国の信託業界そのものが、地方や中央の官僚との癒着と、「剛性兌付」神話（国家がお墨付きを与える信託は絶対にデフォルトしないという架空の信用）によって、富裕層、中間層の資産を誘い込む「詐欺」構造になっているのだ。

だが、こういう「詐欺」構造が一旦明らかになってくれば、誰も信託業界を信用できなくなる。信託という資金調達ツールを使えなくなれば、中国の不動産市場、金融市場もさらに資金不足と信用不足に陥り、中国経済の破綻を回避する選択肢はいよいよ狭《せば》まってくるのではないだろうか。

そして資産を違法に奪われたと気づいた中間層、富裕層たちの怒りの矛先は、信託企業や地方政府当局から、やがて中央に向かうようになっていくかもしれない。

この事件は、中国でも日本でも欧米でもさほど注目されていないが、私の知り合いが被害者の一人であったので、ここで詳しく解説した。

要は、中国の不動産業界、銀行業界、信託業界、そして地方政府が一つの詐欺グループ的な結託をしており、その背景には共産党のお墨付きという「剛性兌付」神話があった。だが、中国の富裕層を騙してきたカラクリが、習近平の不動産政策の失敗で綻び、明るみになってきたということだ。こうした綻びが、ある時点を境にわっと広がり、習近平「独裁新時代」の崩壊にまでつながる可能性もゼロとは言えないだろう。

人民を従順な労働力とみなす「以工代賑」政策

中国経済の問題として、習近平第3期目で最も深刻なものの一つが失業問題だ。すでに若者の4人に1人が失業という深刻な状況に陥っている。中国国家統計局が2023年5月16日に発表した4月の16〜24歳の失業率は、20・4%だった。

この失業問題対策として習近平政権が2023年2月に打ち出した「以工代賑」政策がなかなかにひどい、と当時、いろいろと物議を醸《かも》した。

2月1日、中国国家発展改革委員会が修正「国家以工代賑管理弁法」を発布した。ここに新たに書き加えられた条文に、「人の手でできることは、出来るだけ機械を使用しない」といったものがあったからだ。

「以工代賑」とは、中央政府によるインフラ工事などで雇用を創出する貧困・失業対策で、1984年以降、繰り返し行われ、すでに1750億元以上が投じられている。この政策のガイドラインとして発布された管理弁法は2014年に修正されてのち、今回改めて修正され3月1日から施行されることになった。8章52条からなる。

当局によれば、今回の修正は専門の資金とプロジェクト管理、監督検査などの方面で具体的な要求を盛り込み、新時代の新たな旅路のプロセスにおける以工代賑政策の概念、制度ルール、工程、管理要求をレベルアップして改善したという。全体として、中央が統括し、省が総合責任を負い、市県郷レベルで実施される。

主に農村部のインフラ建設プロジェクトで、中央が投資計画の基本内容を規定し年度投資計画を省レベルに伝え、定期的に調整し、状況を監視監督する。プロジェクトごとの資金の範囲、建設領域内で、発展が遅れた地域に資金を振り分け、公益性があり、産業発展に合致したインフラ建設を行う。目的は民衆を建設労務に参与させ報酬を分配することで、資金の内訳は労務報酬が最大であることが強調されている。またプロジェクト実行に当たり、民衆を組織し、技能研修を行うことも要求されている。

以工代賑投資計画の対象となるインフラプロジェクトとは、主に交通、水利、エネルギー、農業農村、地方都市建設、生態環境、災害後復興など。プロジェクト前期の任務としては、まず民衆を組織し、労働技能研修や安全研修を受けさせ、労務報酬を管理、支払うための具体的な要求を明確にする、とした。また、このプロジェクトで、ニセの労務組織をつくるなどして労務報酬を騙し取るような詐欺行為がないよう厳しく管理、総合評価するメカニズムもつくる、としている。

このプロジェクトは貧困弱者層に対する特殊な救済政策であり、これまでも継続して行われてきた。２０２２年は５００万人の民衆を地元で就業させ、一人当たりの平均増収は８０００元を超えた、とされる。

２０２３年版以工代賑と２０１４年版との違いは、新たな総合救済モデルを提示している点だ。単に貧困層に労務報酬を出すだけではなく、１．公益性インフラ建設＋労務報酬＋技能研修＋公益性のある管理職ポスト開発をセットにしたモデル、２．産業発展に合致するインフラ建設 ＋ 労務報酬 ＋ 技能研修 ＋ 資産の割引株式化配当をセットにしたモデルによって、管理職に出世したり、株式保有の機会もある。

また技能研修を行うことで、プロジェクト終了後も、習得した技術によって新しい仕事を探すことができる。さらに労務報酬が投資全体に占める割合をもともとの15％から30％以上に引き上げた。

だが、26条と28条に含まれる内容が物議を醸している。

26条では、以工代賑プロジェクトは競争入札で事業者を選ばなくてよく、いかなる組織、個人も入札を強要してはならない、とある。これは建設許可、手続きの簡素化のためでもある。

さらに28条では、県レベルの発展開発当局は、以工代賑プロジェクトの事業組織、施工組織が、「人の手でできる部分は機械を使用せず、民衆を労務者として組織し、専門の施工業者チームを用いない」という要求に従うよう指導する、とある。競争入札を行わない、ということは上層部が事業者を指定するということであり、その決め方には必ず癒着や汚職の問題が起きるだろう、という懸念の声がある。

競争入札しないプロジェクトとは、もともと次のように決められていた。

1. 一般に国家安全、国家機密に関わるか、危険な災害救援が伴うもの
2. 貧困救済資金で行われる以工代振で、出稼ぎ農民を雇用する場合
3. 施工主が求める技術が、特定及び専門性の高い技術である場合
4. 施行企業が自ら建設し自ら用いるプロジェクトで、施工企業がプロジェクトの要求に合致している場合

これまでの以工代賑では「複雑な技術が必要で、適宜入札が行われるプロジェクト以外は、入札制度を実施しなくてよい」とあり、実際はほとんどが適宜入札で行われてきた。入札を一切しなくてよい、となると、おそらくは郷鎮、村の幹部たちのコネによる業者が、貧しい村民を組織し研修し、報酬を管理することになる。きちんと管理されているかを審査する組織も結局、共産党末端組織となると、従来からある汚職構造の中に落とし込まれることになるだろう。そもそも、入札しても様々な汚職が起こるのだから、こうしたプロジェクトが地方のレベルの低い共産党末端組織の利権になることは避けられまい。

特に28条では、人の手でできることはできるだけ機械を使用せず、民衆を労務者として組織し、できるだけ専門の施工チームは使わない、と要求している。これは地方レベルの共産党末端組織の利権化を助長しかねないが、さらにプロジェクトのクオリティや施工に従事する労務者の安全などに配慮しないということにならないか、という見方がある。

以工代賑では中央の投資額の30％以上を労務報酬に充てるという基準があるが、機械をできるだけ使わず、熟練の専門施工業者を使わず、地元農民を労働者として組織して建設に従事させよ、ということは、農民を酷使せよ、ということと同じであり、結局のところ動労者の権益保護にはまったくつながっていない。

しかも、この労務報酬の割り当てについては、共産党末端組織が決めるとなると、やはり郷鎮村の幹部たちが多くとり、末端の農民は低賃金で肉体労働を行うことになりはしないか。もちろん中国の労働法では残業代や最低賃金の規定があるが、それは多くの現場で無視されている。地方のインフラや施設建設の現場では、実は労働者が負傷したり死亡したりする労災事故は非常に多い。

最大の理由は、肉体の酷使を要求されるために、注意が散漫になったり、外国なら機器や安全設備の補助がある環境で行う作業を体一つで行わせたりするからだ。

さらに、工事にかかる時間の効率やインフラのクオリティが犠牲になることは間違いない。これはすでに地方で多く見られる「おから工事」と呼ばれる脆弱な建物やインフラの量産につながりかねないものではないか、ということである。

もともと、中国における以工代賑は、儒教思想の中にある為政者の「養民」の発想だ。災害・飢饉などで農村などのコミュニティが崩壊すると、飢えた難民流民が良からぬことをする、それがしばしば社会動乱を引き起こし王朝の転換を引き起こしてきた歴史から、為政者は民を養うことに腐心してきた。

中国史で有名なのは北宋の官僚政治家で文人の范仲淹の以工代賑で、全国的に飢饉《ききん》が発生したときに、決まりによって国庫の糧食を放出しても、とてもそれで救える数ではない飢えた民が各所に現れた。だが、その緊急時に、杭州の知事であった范仲淹は、あえてドラゴンボートレース（競渡）を開催し、大寺院に対して飢饉のときの工賃は安いからと大土木工事などを行わせた。

中央の監察官は「范仲淹が競渡にふけり、公私の建築工事で民を消耗させている」と批判したが、范仲淹は「競渡の集客で消費が増え、商いが盛んになり、寺院工事などで民の雇用が増えた。これぞ以工代賑（仕事でもって救済に代える）だ」と説明したという。

つまり以工代賑は中国１０００年の智慧であり、民の困窮を放置しておくと社会動乱が起きかねない、という支配者サイドの教訓が根っこにある。

だが今は21世紀で、大卒や高専の若者の失業が問題視され、さらに「躺平主義」（寝そべり主義）が蔓延し、働かないこと、競争しないこと、努力しないことが一種の体制への反抗スタイルになっている状況で、機械や専門知識を使わない肉体労働の雇用を創出したところで果たして、それが失業対策、貧困対策になるだろうか。たんに地方汚職の温床を一つ増やすだけにならないか。そして人民がこの政策に感じるのは、「人鉱」という最近の流行語に象徴されるように、共産党政府が人民を鉱物のように無限に採掘できる消耗品であるとみなしているということだ。

この政策の責任者は、当時の発展改革委員会主任は何立峰。第20回党大会で政治局メンバーとなり、のちに3月の全人代で経済・金融担当の副首相、つまり劉鶴の後釜に収まった。つまり、習近平の新たな経済ブレーンである。

もし、この新版以工代賑が新しい習近平のブレーンの知恵を絞った発案であれば、習近平第3期目の経済の展望は推して知るべしだ。

習近平はこれまでの10年で、「国進民退」（国有企業を進化させ、民営企業を後退させる）という毛沢東時代の経済計画的な発想を「混合経済」という新しい言葉で推し進めてきて、優秀な民営企業への支配を強化してきた。また「共同富裕」というスローガンを掲げ、経済のパイを大きくすることより平等に富を分配することを重視するようになった。勢いのあった民営企業家は、独占禁止法違反などで罰金をとられ、寄付を要求され、従順でなければ汚職など経済犯罪で身柄を拘束され、重刑に処された。かつて金持ちたちは庶民の憧れであり、誰もがいつかは自分も金持ちになろうと夢を抱いたが、今や金持ちたちは庶民の敵であり、自分が金持ちになろうと夢を抱くより、金持ちたちを打倒し、彼らが失脚することに喜びを感じる人が増えている。

だが、その毛沢東回帰的な計画経済的政策や共同富裕思想の根本は、人民に知識や情報を持たせず、共産党の指導に疑問を持たない従順な労働者のままにしておきたい、ということに他ならない。時代遅れの「以工代賑」政策が習近平第3期スタート早々に打ち出されたことで、この経済の逆走路線は維持され、毛沢東時代への回帰どころか、1000年前の皇帝養民の時代に回帰しそうな感じなのだ。

累積青年失業数5400万人！　想像を超える就職氷河実態

2023年6月7～8日に行われた中国の大学統一試験の受験生は、1291万人と過去最高を更新した。中国では「大学に行くことが、農村戸籍のハンディキャップを撥《は》ね退《の》けて、出世し、富裕層の仲間入りをする一番の近道」と長らく思われていた。だが2020年から顕著になった超就職氷河期が、このままだと2030年くらいまで続くのではないか、という観測が体制内研究者から出ている。そうなれば、中国はラテンアメリカや旧ソ連並みの長い経済停滞期に陥るかもしれない、という。

6月1日に北京改革開放発展研究会メンバーで、国家経済政策のための調査などにも何度も参画してきた王明遠が国内の研究者の調査をもとに自身の推論として、「青年」世代の失業者が5400万人と個人SNSのアカウントで発表したことで、この問題の深刻さが知れ渡ることになった。

要約すると、2020年から2023年の間、毎年の新規雇用数と職業学校、大学などの新卒就職希望者数の差を見ると、マイナス249万人、マイナス220万人、マイナス449万人、マイナス582万人と拡大しており、ざっくり累計すると、1500万人以上の新卒が仕事を見つけられなかったということを意味する。また直近の三年、A株市場上場企業の平均従業員数は11・9％減少したし、中小企業の登記抹消数も全体の10％ほど。つまりもともと就職していた人たちも全体の10％が新たに失業したと推計できる。このうち「青年」と定義される16歳から40歳は、2500万人前後と見られる。

このほか、コロナ感染症蔓延以来1400万人の青年農民出稼ぎ者が失業し、帰郷した。この3年の累計で、16歳から40歳までの「青年失業者」はトータル5400万人と推計できる。

もちろん、卒業直後に就職できなくとも、しばらくして何等かの仕事に就いた人たちもそれなりにいるだろう。５４００万人の青年失業者たちの中には、ＤＤのアクティブドライバーやデリバリー配達員などのパートタイム仕事で糊口《ここう》をしのぐ人もいるだろう。かりにそういう準就業者をＤＤドライバーやデリバリー登録者数から推計しても、少なくとも２５００万から３０００万人前後の失業者がコロナ前に比べて増えている計算になる。

しかも大学受験、大学院受験者の規模は年々大きくなっており、２０２５年には、大学、大学院、中等職業訓練学校などの卒業生を合わせれば、２０２２年度よりも３００万人増加して２０００万人近くに達する。つまり、多少は後ろ倒しに就職できたり、ＤＤやデリバリーのアルバイト市場がある程度吸収したとしても、それでは間に合わないくらい失業者は増え続けていくのだ。

中国の公式統計では、４月の若者（16～24歳）の失業は20・４％と発表された。これも厳しい数字だが、これだけからは実体はあまり分からない。ちなみに公式データでは、中国の生産労働人口（男16～60歳、女16～55歳）は８・８億人、２０２２年の就業人口は７・８億人。都市就業人口は４・６億人弱。うち２億人がパートタイム就業でパートタイム就業の社会保険参加率は20％弱。中国都市調査失業率は今年第１四半期で５・５％、２０２２年第４四半期より０・１ポイント低下している。

公式データが事実と乖離している理由の一つは、中国の「就業」の基準が国際基準よりはるかに低いからだ。国連のＩＬＯ（国際労働機関）の基準では一週間に10時間以上労働している状態を「就業」としている。だが中国は一週間に1時間でも仕事をすれば「就業」。ちなみに米国は週15時間以上、フランスは20時間以上の就労を「就業」という。だから中国では週に一回、パートタイムで食品デリバリーの仕事を1時間やっても「就業」にカウントされるが、それで生活できるわけがない。

また、農業従事者はそれだけで生活を支えられないことのほうが多い。だから出稼ぎに出るが、農村出稼ぎ労働力の失業率は統計に反映されにくい。出稼ぎ者は失業すると農村に帰る。すると都市調査失業率にカウントされない。２０２２年、農村の出稼ぎ労働者は1・７２億人、失業して農村に帰った出稼ぎ労働者は１４００万人と推計されている。

問題はこの就職氷河期の原因は何か、解決の処方箋はあるのか、ということだ。

新中国建国以来、中国は二度の就職難時代を経験してきたが、これほどまでに長期で大規模な就職氷河期は初めてといわれている。

中国の過去二度の就職難時代について簡単に振り返ろう。1回目は１９７３年から１９７９年、文革で下放された知識青年が大量に都市に帰ってきたときだ。１９７３年以降、周恩来、鄧小平らによって毛沢東の極左政策は若干右に修正され、下放された知識青年たちは都市回帰が許され始めた。文革が終わり、１９７８年には全面的に下方知識青年の都市帰りブームが起き、都市の雇用が一気に逼迫。その数１５００万人以上とされた。さらに都市在住者、新卒者、復員軍人ら５００万人も一斉に職を求め、就職待機者は２０００万人を超えた。これは当時、都市労働力の17％、青年労働力の３割以上にあたる規模だったという。

当時の青年の失業理由は、文革で進学を中断させられた労働者としての青年が多かったこと、文革時代の計画経済化や極左政策によって民営企業の多くが消滅させられ、経済規模が圧縮されたからで、根本的には体制の問題が引き起こしたものだった。

鄧小平と胡耀邦は処方箋として、個人経営や民営経済を奨励し、経済規模を拡大し、１９８１年前後に２２００万以上の雇用を創出し、就職難問題を解決した。この経済の民営化、自由化の方向性が、つまり改革開放だ。

２回目の就職難時代は、１９９８年から２００１年。国有企業改革によるレイオフブームが起きたときだった。１９９０年代に入り、国有企業は大規模な赤字に陥り、１９９８年の全国国有企業赤字は55％に広がった。全体の利益はマイナス72億元、これは史上最低水準となった。朱鎔基内閣は企業合併やルールに則った破産、レイオフや国有企業のトリアージ、ダウンサイジングと効率化などを推奨し、これに伴い国有企業の従業員2600万人がレイオフされた。これは当時の国有企業従業員総数の4分の1に相当した。このほか、集団所有制企業も1000万人以上がレイオフされ、都市のレイオフ人口（事実上の失業）は3600万人を超えた。当時の都市労働力総数は2・3億人であり、失業率は労働総人口の15・6％となった。

このとき打ち出された処方箋も、民営企業の奨励だった。政府は下海（国有企業経営者や公務員が民間で起業するなど）を後押しし、このとき民営企業は5000万人以上の雇用を創出した。これはレイオフ国有企業従業員の再就職の受け皿になっただけでなく、農村からの出稼ぎ労働者を吸収し、中国のその後の高度経済成長を支える基盤をつくった。

この2つの就職難問題の解決は、20世紀末の社会主義国家の経済市場改革の素晴らしい成功例として国際社会から賞賛されている。東欧もロシアも、市場経済化のプロセスはもっと長い低迷期や混乱を経験している。それは、中国がうまく民営経済を奨励できたことが鍵だった。

だが、いま中国が直面する超就職氷河期は、これまでの就職難問題とまったく様相が違う。これは、中国が全面的に都市化したのちの就職難である。前の２つの就職難時代は、基本的に多くの人民が農業に依存していた。だが、いま中国の都市就業人口はすでに１９７８年の６倍、１９９８年の３倍だ。失業率のわずかな上昇も、大量の失業者を生み、社会不安の要因となる。また、中国の都市就業人口は２０２１年の４６７７３万人から２０２２年は４５９３１万人となり、これは１９６２年以来初めて都市就業人口が減少に転じたということになった。

失業者数も１９７０年代の２０００万人、１９９０年代の３６００万人を大きく超える５４００万人と大規模なのだ。

就職難問題は、経済の一つの発展周期の終わり、あるいは転換期に生じるという見方がある。中国のこれまでの経済成長メカニズムや環境下での成長はいったん頭打ちになり、今ある経済システムや環境の欠陥を修復し、調整し、初めて次の発展周期に入る、という考えだ。これまでの就職難も、そうして経済システムの欠点、体制の問題を修復、調整する形で乗り越えてきた。だが今回は、ちょっとしたシステムの欠点の修復や調整で済む規模ではない。

今の就職氷河期は、新型コロナ蔓延による経済の停滞が一つの原因といわれている。実際、コロナ蔓延後、新規雇用数は毎年急減少している。だが、それ以上の要因は、習近平の経済政策であろう。

新規雇用が激減した背景には、高学歴の若者の就職の受け皿であったインターネット・プラットフォーム、不動産、金融、観光、教育産業が落ち込んだからだ。アリババ、テンセント、美団、百度などの民営大企業が軒並み9％前後のリストラを行った。オンライン旅行サービス・プラットフォームの携程の2022年のリストラ率は27・3％。A株上場の57社の不動産企業中、28社が20％以上のリストラを行った。中には70％以上のリストラを行った不動産企業もある。上場企業ですらこの有り様なら、非上場企業は推して知るべしだろう。これら企業の苦境は、コロナだけではなく、2020年の習近平の不動産バブル退治政策や、教育改革、インターネット・プラットフォーム企業の独占禁止法行為に対する取り締まり強化政策、また外交関係悪化による外資の撤退や、外国や外国人との往来、観光、ビジネスの縮小などが影響している。

習近平の経済政策方向は、この10年、経済の計画経済回帰路線、「国進民退」（国有化奨励民営後退）路線で、過去二度の就職難問題の処方箋であった民営化奨励とは逆方向だ。国有企業や政府公務員、政府プロジェクトによる雇用創出での解決を期待する向きもあるが、２０２２年の国有企業の雇用募集は76万人、公務員募集は10万人で、新卒雇用需要の5％程度。過去10年の間で、ＧＤＰ１％当たりで国有企業は１８５万人の雇用を創出したが、民営企業は６３６万人の雇用を創出してきた。雇用創出力は、圧倒的に民営企業のほうが上なのだ。

なので、今の超就職氷河期問題の処方箋は、民営企業をもう一度活性化させるしかない。特にデジタル経済分野の民営経済にもう一度、自由と自信と夢を取り戻させることだ。だが、習近平は新型コロナ政策で、デジタル技術を人民に対する監視管理ツールとして利用し、デジタル技術は豊かさと自由をもたらすものではなく、デジタル・レーニン主義に象徴されるような、自由を奪う技術のイメージを与えてしまった。これが、デジタル経済圏の民営企業から外国人投資家を遠のかせた原因だ。

すでに述べたが、この新中国建国以来、最も厳しい超就職氷河期に対して、以工代賑政策など、先祖帰りの時代錯誤の政策が出てくるあたり、習近平政権の政策能力の限界を感じさせる。王明遠は体制内学者なのではっきり言わないが、私は今の習近平が経済政策の主導権を握っている限り、民営企業の活性化もデジタル経済のイメージ復活もあり得ないと考えている。

半導体産業国産化への遠い道のり

米中半導体戦争が新たなステージに入った。

米国はオランダ、日本と共に半導体三国同盟をつくり、中国の半導体産業包囲網を形成。これに対して、中国は1兆元を超える半導体産業支援計画を打ち出している。これは中国の半導体自給自足（国産化）に向けた重要な一歩と位置付けられている。

これは最近の財政出動の中では最大規模で、5年にわたり、国内の半導体生産と研究活動に対し補助金や税金免除などの支援を行う。

この発表を受けて、香港市場の中国半導体関連株が爆上がりした。

この計画では、大部分の財政支援は中国企業が国内の半導体設備を購入するための補助金に充てられる。主に半導体製造工場、ファブの建設費用で、これら企業は建設コストの20％の補助金を得られるという。中国の半導体企業の建設と拡張、および製造、組み立て、パッケージング、研究開発施設のサポートを奨励するのが目的という。また、中国の半導体産業は税収の優遇政策を享受できる。

２０２２年10月、米国商務省は新たな包括的な法律を可決し、特定の研究実験室や商業データベースセンターが先進的な人工知能半導体を取得することを禁止するとともに、同時にその他制限措置も盛り込んだ。米国はさらに、日本やオランダを含むパートナーに半導体製造のための設備を中国に輸出しないようロビー活動を行った。同年8月には、バイデンはマイルストーン的意義のあるチップ法案に署名し、米国の半導体生産と研究に５２7億ドルを支出し、２４０億ドル相当の半導体工場の税収を控除した。こうした米国の対中半導体産業圧力に対抗するには、中国としては半導体産業の国産化の道しかないのだ。

中国のこの新たな計画の受益者は、半導体産業の国有企業と民営企業、特に大型半導体設備企業、ファウンドリだろう。たとえば北方華創科技術集団（ＮＡＵＲＡ）やＫｉｎｇｓｅｍｉなどだ。実際、こうした中国半導体製造業の株価は急上昇した。

だが、中国の半導体国産化の道程は、けっして簡単ではないようだ。中国の半導体国産化の道を阻むのは米国以上に、日本が２０２３年7月から実施する半導体製造設備領域の23品目についての対中禁輸といわれている。

この措置を日本政府が発表した一週間後の5月31日、中国のウェハファブ業界関係者が中国メディアに語ったところでは、多くの業界人が、この日本の禁輸措置に呆然としており、日本製設備に巨大なリスクが潜んでいることを改めて意識したという。

米国の半導体禁輸に対し、業界はすでに新たな工場を建設するときにそのリスク評価に焦点を当ててきたが、日本製品に関して比較的リスク評価をしておらず、むしろ米国製から日本製、韓国製設備に切り替えたり、海外の中古市場で日本製半導体設備を購入する動きに出ていた。中国は、日本がそこまでやるとは想定していなかったのだ。

中国は世界最大の半導体市場であり、日本の半導体産業にとっては最大の輸出市場だ。日本の半導体産業は生産設備と原材料において優勢であり、この分野の毎年の対中輸出額は100億ドルを超えている。

端子やチップの設計と比較して、チップ製造（ファブリケーション）は中国半導体産業の苦手な分野。日本企業中国研究院執行院長の陳言は「今回の輸出規制は日本における半導体領域の最も厳格で全面的なものだ。米国の対中エンティティリストなどに基づく輸出規制措置と比べると、日本の措置は業界発展の根本にさらにショックを与えるものだ。なぜなら米国企業はチップ設計と完成品の輸出が主だが、日本企業はチップ製造設備・装置と原材料が得意だからだ」と言う。

業界内筋によれば、23品目の半導体製造設備・装置などのリストは、主要な半導体のフロントエンド生産に用いられ、ブランクシリコンチップ上に回路を完成させる工程に使われるものだ。その後のパッケージング用装置はこれに含まれていない。こうした設備が日本企業の最も得意とする部分であるが、それはすべての生産をカバーするわけではない。通常、ウェハ生産ラインに必要な半導体マシンは１００種類を超える。

日本の禁輸リストは、装置に適用されるプロセスノードが明確に示されていないが、詳しい弁護士や業界人によれば、具体的装置の記述や過去の日本が制限してきたカテゴリーを見るに、先端プロセス半導体製造が必要としている設備だと思われる。14ｎｍを境に、チップ製造は先端プロセスと成熟プロセスにわけられ、より小型化されるほど、プロセスは高度になる。

23品目の半導体関連商品が輸出規制対象となったが、その内訳は、熱処理設備1、洗浄設備3、リソグラフィ装置4、エッチング装置3、検査・試験装置1、薄膜蒸着装置11となる。公開の資料では、リソグラフィ設備の生産はニコン、キヤノンが主で、フォトレジスト塗布装置やドライエッチング装置、蒸着装置などは東京レクトロンが主に生産している。

設備方面では、米国半導体産業調査企業のVLSIリサーチの調べによると、2020年に日本の7社が世界トップ15大半導体設備メーカーに入っている。中国は日本の半導体製造装置メーカーにとって重要な収入源だった。

業界筋によれば、現在、中国全国に数百あるファブ（半導体製造工場）において、実際に先端半導体を生産しているところは決して多くない。目下のところは、成熟プロセスラインが当面影響を受けず、先端プロセス能力を持つ企業の拡大スピードがある程度の影響を受けるという。それは国内に4〜5社あり、各社とも複数の先端半導体生産ラインをもっている。

実のところ、日本は半導体分野で輸出管理政策をずっと実施している。日本もワッセナー・アレンジメント（通常兵器の輸出管理に関する協定）のメンバーであり、半導体設備も関連の輸出管理に対応する必要があった。ただ、北京市グローバル弁護士事務所上海パートナーの趙徳銘によれば、上述の設備、装置の大部分はワッセナー・アレンジメントのデュアルユース（軍民両用）アイテムリストにまだ含まれていない。たとえば、多くの薄膜蒸着装置はリストに含まれていない。今回の日本の半導体設備輸出管理政策は、ワッセナー・アレンジメントの枠組みを完全に超えており、中国は明らかな戦略的経済制裁と受け止めた。

日本の制裁が非情なところは、過去に購入した設備装置のメンテナンスなどにも関わる点だった。今回の規制発表前に中国に提供された製造装置設備のアフターサービス、メンテナンスも許可されないということだ。さらには、第三国から調達した中古品も修理に必要な部品が調達できないということになる。

具体的な修理は、日本のメーカーが許可証を申請し、その申請が日本政府の許可を得れば可能だが、それは日本の国際政治上の立場や環境で随時変化すると見られる。

規制の隙間としては、日本はEUと同様、日本国外で生産された製品に対する、厳格な意味での再輸出管理はない。同時に外国企業と個人に対しては、エンドユーザーのブラックリストに従えばいいだけだ。中国企業にしてみれば、日本原産の半導体製品については、客観的にはサプライチェーンから完全に外れているわけではなく、入手ルートが狭まっただけ、という見方がある。重要なのは、輸入後の製造装置のメンテナンスの問題であり、これは当事者の政治的、および経済的な智慧《ちえ》が試されることになる。

チップ製造は中国半導体産業の弱点である。製造はフロントエンドとバックエンドに分かれていて、比較すると中国はフロントエンド設備の国産化が弱い。今回の日本による輸出管理規制は全てフロントエンドに関わるもので、まさに中国の半導体国産化のアキレス腱を狙ったものだった。

中国の半導体設備市場全体の国産化率は２０２２年段階で22％。領域を細分化して見ると、洗浄、熱処理、ＣＭＰ、エッチングなどの設備領域についてはすでに一定の市場シェアを獲得している。だが、リソグラフィ、測量・検査装置、塗布現像装置、イオン注入装置などの領域では２０２２年の国産化率は10％以下だ。

たとえば２０２２年の中国内の華虹半導体ファウンドリ無錫工場の様々な入札設備の全体の国産化率は20％に満たない。その中で、日本の輸出管理規制リストにある薄膜堆積装置（ＰＶＤやＣＶＤ）の国産化率は10％、検測・測量装置が２％、リソグラフィ、フォトレジスト塗布装置は０％だった。

今のところ、この分野で成果を出している中国企業は依然として少数だ。芯源微は国産フォトレジスト塗布装置に注力しており、フロントエンドのフォトレジスト塗布装置はすでに28ｎｍ以上のプロセスノードに対応できるものが完成しており、さらに高いプロセスにまで更代（技術更新）していけるという。中微（ＡＭＥＣ）のエッチング装置は５ｎｍノードにすでに達している。北方華創の事業は、エッチング装置、薄膜堆積装置、熱処理装置、洗浄装置などに及ぶ。2022年の電子プロセス機器の売り上げは121億元、粗利益は37・7%で、前年比4・7ポイント増加した。

一方で、中国の半導体消耗材生産に従事する関係者によれば、日本の輸出管理規制は、国産化の代替プロセスをある程度加速することになるだろうという期待もある。たとえば顧客は国産品の入札や選択を強化することが、国産メーカーにチャンスを与えることになる。しかし、チップ本体と比較して、設備装置や消耗材の国産化はより困難であり、勝者総取りの業界ルールに従えば、顧客とサプライヤーのビジネス関係はいったんできてしまうと、離れがたい粘着性があり、多くの地元ファブは長年にわたる海外サプライヤーとすでに強固な拘束力のある関係を築いている。

国産サプライヤーへの交代のとき、顧客企業側は利益を上回るリスクを引き受けねばならず、製品は絶えず技術更新していかねばならず、大量の時間と資金を使って試行錯誤を重ね、時にはサプライヤーに研究開発費を提供せねばならないこともある。なので、後発者が追いつくのは困難。一部の国内企業は技術的に顧客の求める基準に達し、日本のサプライヤーの代替になれるレベルだが、これまでは、予備製品を製造しているか、せいぜい少量の製品を供給するだけで、テスト運転の機会を得ることすら困難だった。

国際半導体産業協会の推計では、2024年に世界のファブ設備機器の支出は920億ドル、前年比21％増という。

上述の関係者によれば、業界の法則では、2024年はファブの拡張サイクルに入り、半導体設備需要が増加するという。外部の輸出管理規制は国産品開発を強制し、これまで国内顧客企業と外国サプライヤーの粘着性、拘束性によってはじき出されていた国産設備メーカーが大工場に製品を納入する機会が、否が応でも拡大する。この設備装置メーカーの交換プロセス期は、中国のファブとエンドユーザーにとっては一つの陣痛時期であろう。

結果が死産となるか、中国半導体国産化への道が開けるかは、この陣痛時期が何年続くか、そして中国に耐えきれる体力があるかにかかっている。

経済制裁下でも加速する宇宙開発

中国の有人宇宙船「神舟16号」の打ち上げが2023年5月30日に行われた。

宇宙飛行士3人を乗せた神舟16号は中国宇宙ステーション（CSS：Chinese

Ｓｐａｃｅ Ｓｔａｔｉｏｎ）のコアモジュールとドッキングし、２０２２年11月に打ち上げられた「神舟15号」がＣＳＳから切り離されて６月４日に帰還した。これでＣＳＳに滞在する宇宙飛行士３人のメンバーチェンジが行われた。神舟16号打ち上げ成功は、米中の宇宙覇権競争において、一つのマイルストーン、節目的な出来事といわれた。

まず、新たに宇宙に旅立った中国人宇宙飛行士の１人が初の非軍人出身者、つまり民間人であるということ。そして、２０２２年の神舟15号の打ち上げで完成したＣＳＳの本格的実験運用がスタートするということ。さらにもう一つは、米国の激しい対中半導体輸出規制を受けながらも中国が着々と宇宙開発を進めていることを世界にアピールできた、ということだろう。

アメリカ、日本、欧州諸国、ロシアなどによる国際宇宙ステーション（ＩＳＳ：Ｉｎｔｅｒｎａｔｉｏｎａｌ Ｓｐａｃｅ Ｓｔａｔｉｏｎ）の運用は、とりあえず２０３０年ごろまで延長されるそうだが、老朽化しており、いつ終了になっても不思議ではなく、ＩＳＳが終了すればＣＳＳが世界で運用中の唯一の宇宙ステーションとなる。このアドバンテージは、習近平が目論む「国際社会の新たな枠組みのリーダーになる」という野望を加速させる可能性もある。

神舟16号の宇宙船としてのスペックについては、あまり情報が公開されていない。しかし、これまで輸入部品だった部分がかなり国産化され、また旧ソ連式であった計器類の配置や仕様なども中国式オリジナルに変わっているという。

神舟16号に関して中国ネットで盛り上がっているのは、初の民間人宇宙飛行士、桂海潮についてだ。雲南省保山市施甸県の出身で37歳、北京航空宇宙大学の教授である。

2003年の中国初の有人宇宙飛行船「神舟5号」の打ち上げ成功を校内ラジオ放送で聞いて宇宙への興味が湧いたのが、宇宙飛行士を目指したきっかけという。非軍人であるだけでなく、眼鏡をかけており、また小学生まではごく普通の成績であったという幼馴染の話などが報道され、肉体的・精神的に強靭なハイスペックの選ばれし人間しか宇宙飛行士になれないというイメージを覆した。

これまでの中国の宇宙飛行士は全員が軍人である。神舟16号も、桂海潮教授以外は今回4回目の宇宙飛行となるベテランの景海鵬・空軍少将（56歳）、元解放軍戦略支援部隊航天工程大学副教授でエンジニアの朱楊柱・陸軍大佐（36歳）だ。

桂海潮教授が宇宙飛行士に選抜されたことは、軍事開発の延長であった中国の宇宙開発が民間に門戸を開き始めたことの表れとも言える。このことは、2022年に募集された第４期宇宙飛行士選抜試験で、香港、マカオ籍の候補が残っていることからもうかがえる。

中国の有人宇宙飛行の歴史を簡単に振り返ると、２００３年に中国としては初めて、世界では３番目に、「神舟５号」で有人宇宙船を打ち上げた。それ以降、2～3年ごとのペースで中国人の宇宙飛行士を乗せた宇宙船を打ち上げてきた。２０２１年に打ち上げられた「神舟12号」から、宇宙飛行士の長期宇宙ステーション滞在実験が開始された。

中国宇宙ステーション（ＣＳＳ）は、神舟計画と同時並行で打ち上げられた軌道上実験モジュール「天宮１号」「天宮2号」で無人ドッキング、有人ドッキングを繰り返し、経験を積み上げたうえで、２０２１年に建設を開始。２０２１年4月にコアモジュール「天和」が打ち上げられ、同年6月に打ち上げられた「神舟12号」とドッキング、初の宇宙ステーションの有人滞在に成功した。

神舟12号の３人の宇宙飛行士はそのまま3カ月軌道上に滞在後、12号は切り離されて帰還。代わりに「神舟13号」が２０２１年10月に打ち上げられ、天和とドッキング。乗組員は３人で、滞在期間を１８３日の6カ月に延長し２０２２年4月に帰還した。

続いて「神舟14号」が打ち上げられて、２０２２年7月に打ち上げられた実験モジュール「問天」、２０２２年10月に打ち上げられた「夢天」とのドッキングを完成させた。

さらに2022年11月に打ち上げられた神舟15号を受け入れ、2つの神舟乗組員6人が軌道上で5日間、共に生活したのち、神舟14号の乗組員3人が帰還するという初の軌道上の宇宙ステーション要員交替を実施した。

これにより、CSS、愛称「天宮」が一応の完成を見た。コアモジュールに2つの実験モジュール、無人補給船「天舟」を連結したT字型をしており、定員6人。中は中国語が公用語で、コアモジュールには電子レンジのあるキッチン、3つの個室・寝室、ジムが揃った居住空間となっている。2024年に宇宙望遠鏡「巡天」が打ち上げられ、さらに居住空間も拡充され最終的には十字型の形態になるという。

神舟16号には、初の民間人である桂海潮教授がペイロード実験要員として参加したが、これは実験モジュール運用がスタートするということだ。

中国はまた月面探査・嫦娥計画を2003年からスタートさせており、すでに2019年には初の月背面着陸に成功。2020年には月面のサンプル回収にも成功し、2030年以前に初の中国人宇宙飛行士の月面着陸を計画している。

CSSの経験は将来的に中国の月面基地建設に応用する計画であり、中国の宇宙開発の目下の最大目標は、米ロに先駆けて月面資源の開発に着手すること。つまり月面に五紅星旗を建て、その開発権を確保することだろうと見られている。

こうした中国の宇宙開発計画のスピード感は驚くべきものがあり、その成果も決して過少評価すべきではないだろう。

近年、米国はハイテク領域で中国に対して半導体や半導体技術製造に必要な設備機器、核心技術に対する対中禁輸を強化し、ＥＵや日本にも足並みを揃えるように要求している。日本は7月から先端半導体の製造装置など23品目の事実上の対中禁輸措置を実施。

これだけ核心的技術領域の制裁を受けて、中国の国産半導体発展計画は大きく阻害されているはずなのに、なぜ宇宙科学領域でこれだけの成長を見せることができるのだろう。

一つ指摘されていることは、軍用の半導体、あるいは宇宙開発用の半導体というのは、家電やスマートフォンのように小型化を追求する必要がないので、実は中国国産開発のハードルは他国が思うほど高くない、という意見がある。

そして、中国の国家主導の技術開発は、実は決して侮ることのできないレベルであるということにも気づく必要がありそうだ。

半導体関連の制裁からの抜け道として、中国の工業情報化部がここ数年間に打ち出しているのは、いわゆる「シングル・チャンピオン」企業、「小さな巨人」企業の育成政策だ。

簡単に言えば、核心技術開発の潜在力を持つ専門的な中小企業に対する支援政策、ピンポイントでサプライチェーンの鍵となる1種類の製品を製造している企業を発掘支援する政策だ。この中には、航空宇宙領域、再生エネルギー領域、電子半導体領域などで目立たないが実力派の企業が多いのだと、米国製造業に参与、出資する研究機構のフォース・ディスタンス・タイムズが指摘していた。

こうした可能性を持つ企業に対し、技術開発のボトルネックを克服する支援を行う「シングル・チャンピオン」企業、「小さな巨人」企業の育成工作が2018年から打ち出され、2021年~2025年までに、中央財政から累計100億元の資金を1000の「小さな巨人企業」に支援するという。

この産業政策で重点が置かれているのが宇宙開発で、目下18のシングル・チャンピオン企業、43の小さな巨人企業が、宇宙航空産業のサプライチェーンにおける鍵となる製品や原材料を製造する企業なのだという。たとえば高度な銅金属粉末素材を製造するGRIPMの製品は、衛星アンテナやロケットエンジン燃焼炉の航空宇宙船部品の3Dプリントに用いられる。GPIPMは中国国有金属企業の子会社だが、この種の銅金属粉末素材の世界シェアの38%を占めている。これは2015年に英国メイキン・メタル・パウダーズを買収したことも大きな要因という。

また寧波永新光学が製造する衛星用レンズは中国の３つの月探査衛星に用いられ、その蛍光顕微鏡はＣＳＳの天和コアモジュールに搭載されている。これは活細胞に対する重力の影響を観察するためのもので、長期に宇宙滞在する宇宙飛行士の身体的影響をチェックするうえで不可欠らしい。

上海司南衛星ナビテクノロジー（ＣｏｍＮａｖ）は高精度ナビゲート測位システムに必要なコンピューター半導体、回路基板の製造企業で、中国南方衛星が高価な外国サプライヤーからの依存脱却の鍵となる製品を開発したという。

一般にハイテク技術は民間の自由な発想と自由市場の競争の中で成長していくと思われていたが、中国式の国家主導の企業育成が宇宙分野では他者が想像するより順調に進んでいる可能性がある。

宇宙開発のように巨額の金が必要なプロジェクトは、民間企業の求める利益や庶民のロマンとは別に国家の野望の後押しがないと進まない、ということかもしれない。

中国は民間人宇宙飛行士が参与することで、一般中国人の宇宙へのロマンを掻《か》き立てるようにもなったが、本来の目的は月面資源の先取りであり、ライバル米国からの世界の領袖の地位を奪うことだ。

仮にロシアの国力が衰え、米国がレームダック化し、世界の宇宙開発の主導権を中国が握ることになると、おそらく世界中の宇宙飛行士、宇宙開発研究者を中心とする頭脳が中国と協力したいと願うだろう。そうなれば、先進国は国家として中国をデカップリングしようと考えても、宇宙関連の研究者、エンジニアら優秀な個人たちが中国に選ばれるために、中国語や習近平の思想を勉強しようとする時代になるやもしれない。

こうして見ると、中国経済は間違いなく長期停滞時代に入ったが、それが決定的に習近平「独裁新時代」に歯止めをかける、あるいはとどめを刺すことになるかは、今なお不透明と言える。庶民の暮らしが貧しくなっても、国家主導のプロジェクトは強引に進められるであろうし、そのことは半導体国産化や宇宙開発など軍事を支える経済領域に一極集中で資金と頭脳が集められることになる。だが、それが習近平「独裁新時代」を強固にして延命させるのか、あるいは民草《たみくさ》の暮らしを一層圧迫し、「人民の不満」という時限爆弾のカウントダウンを早めることになるのかは、まだいくつかの不確実要素があろう。

第4章

全人代から始まる新たな粛清

李強内閣の誕生

全人代が2023年3月3日から13日に開催され、習近平は国家主席に全会一致で再選された。さらに李克強が首相職を引退し、新たに李強が首相に選出された。これをもって習近平政権は3期目に突入し、李強内閣がスタートした。

この全人代における注目点は、李克強の最後の政府活動報告、人事と李強内閣の方向性、そしてもう一つは「党と国家の機構改革案」の採択だった。

李克強首相の最後の政府活動報告では、2023年の目標として▼国内総生産（GDP）成長率5％前後▼都市部新規就業者数1200万人前後、都市の調査失業率5・5％前後▼消費者物価上昇率3％前後▼経済成長と足並みを合わせた住民所得の増加▼輸出入の安定促進・質向上、国際収支の基本的均衡▼食糧生産は6億5000万トン以上を維持▼単位GDP当たりエネルギー消費量と主要汚染物質排出量の継続的低下、化石エネルギー消費量の重点的抑制、生態環境の質の安定と改善、などが挙げられた。

1万7000字に及ぶ政府活動報告だが、その中身は薄く、李克強色、たとえば「簡政放権」（政府の関与・介入を縮小し、権限を移譲する）や「万衆創新」（万人によるイノベーション）といった、李克強が独自に打ち出した政策のキーワードは完全に消えてしまった。経済成長目標は、当初5・5％に設定されるという予測もあったが、5％前後と低めに置かれた。これは、中国経済の先行きが暗いという共通認識が党内にあるということがうかがえる。2013年に首相となった李克強は、中央や政府の介入をできるだけ減らし、民間の起業力を重視し、改革開放路線を維持しようとしていたようだが、結果的には習近平の計画経済路線が強引に進められ、民営経済に対するコントロール強化が進んだのだった。この最後の政府活動報告は、李克強内閣が10年のうちにほとんど何も成果を得られなかったことを浮き彫りにしていた。

人事は習近平が国家主席に満場一致で選出され、国家副主席は韓正となった。政治局常務委員を引退した平党員が副主席になるのは王岐山と同じで、これは慣例化される可能性がある。李強内閣の副首相四人は丁薛祥が筆頭副首相、何立峰が劉鶴の後継として経済金融を担当、劉国中が胡春華の後継として三農（農村、農業、農民）問題・食糧安全方面を担当、中国兵器工業集団出身のテクノクラート、張国清はおそらくハイテク、デジタル推進や宇宙開発、軍事開発を担当するのだろう。

国務委員は李尚福・国防相（国防部長）、王小洪・公安相（公安部長）、呉政隆・国務院秘書長、諶貽琴、秦剛外務相（外交部長）となった。国家発展改革委トップだった何立峰が副首相に昇進し、安徽省の書記だった鄭柵潔がその後任に就いた。閣僚のほとんどが全人代前から就任しており、特に商務相、財務相、人民銀行総裁、審計署長（会計監査署長）などの主要経済閣僚は李克強内閣から受け継いだ。一部消息筋の情報では、習近平は李克強に比較的忠実であったベテラン経済官僚を嫌っており、経済官僚は総入れ替えするという予測もあったが、その予測は外れたことになる。おそらく、総入れ替えしてしまうと、国務院での職務経験がまったくないまま首相の後任を背負わされた李強の負担が大きすぎる。それでなくとも経済の先行きが暗く、不確実性が増す中、習近平としては不本意ながらもベテラン勢に頼らざるを得なくなったのだろう、と考えられた。

だが、習近平が李克強路線を完全に放棄するつもりであることは、「党と国家の機構改革」からも明らかだ。いや、李克強路線どころか国務院（国家行政）潰しが本当の狙いではないかと私は疑っている。

「党と国家の機構改革」は国務院潰し？

習近平は2018年にも「党と国家の機構改革」を打ち出し、大幅な機構改革を行った。2023年はそれに続く第二段の機構改革で、狙いは2018年と同様に習近平の個人支配力を官僚機構の末端まで浸透させるのが一つ。そして機構改革のプロセスで、習近平に忠実でない官僚を淘汰していくという粛清《しゅくせい》の狙いがある。

特に2023年の機構改革案については全人代が始まる前に香港紙『明報』や『星島日報』などが、公安・国家安全部（国安）機能を、新たにつくる党中央内務委員会に一元化して吸収する可能性があるという独自ダネを報じ、『ロイター』や『ウォールストリートジャーナル』なども、中央金融工作委員会を復活させることで国務院から金融政策の権力を党中央が吸収するとの見立てを報じていた。公安などの国内安全機能を習近平に集中させると同時に、経済・金融の主導権を握っていた国務院権力（李克強内閣）から、そのパワーの源である金融政策の決策権を奪い、その影響力を形骸化していこうというのが狙いと見られた。中国の政治は党による統治と国務院による国家行政の二重支配構造になっている。党のトップと国家のトップは習近平で一致しているが、経済・金融という専門性が高い実務は国務院トップである首相と、その部下たる担当閣僚と、その傘下の実務官僚たちが回している。習近平はこうした経済・金融政策も自分で直接差配し、この党と国の二重支配構造を習近平個人独裁の下《もと》に一元化したいと考えているようだった。

だから、李強という習近平に忠実なイエスマンを首相に抜擢したのだろう。本来、首相は副首相経験者が昇進するかたちで仕事を引き継ぐのがスムーズなのだ。だが、そこを敢《あ》えて決断力のない経験不足の、しかし習近平に大人しく従う首相を選んだ。ただ、鬱陶《うっとう》しいのは、知識と経験が豊富な閣僚やベテラン官僚だ。だから習近平が現場の官僚たちを支配できるように、機構改革で党中央の決定権を強化し、官僚を淘汰するつもりなのだろう。

全人代でこの党と国家の機構改革方案の中身が明らかになったが、香港紙が特ダネとして報じた公安・国安改革は全人代で審議されず、「党と国家の機構改革」の中心は科技部の予算配分や政策権限、金融セクターの監督管理権力を国務院から吸収し一元化、強化する内容になった。経済・金融官僚の総入れ替えという予想も外れた。習近平の国務院潰し計画は、一気呵成というわけにはいかないようだ。だが官僚総数5%削減という大リストラが敢行されるという点では、一種の国務院大粛清の始まりとも言えた。

全人代開催中の7日に、国務委員兼国務院秘書長の蕭捷が人民代表に説明した国務院機構改革の内容をもとに、簡単に機構改革案を解説しよう。

改革のポイントは主に13項目ある。

1．科学技術部の再構築

国務院の科学技術部（科技部＝科学技術省）機能の多くを、新たに設立された党の中央科学技術委員会が吸収。

事実上、中国のハイテク政策を党中央、つまり習近平が直接仕切ることになる。

狙いは、科学技術戦略計画を強化し、体制改革、資源統括、総合協調、政策法規、督促検査などのマクロ管理職責を強化し、健全な新型挙国体制で、科技イノベーションの新しい包括的な管理を最適化する、ということで、米国ら西側のハイテクデカップリングに党主導の挙国体制で対応するため、というのが理由だ。

科研費の分配、管理も強化するとされる。中国では、半導体分野でも詐欺まがいのプロジェクトに予算が流れるなどの失敗がこれまでにあった。この責任を科技部にあると考えた習近平は、科技予算の権限を党中央に吸収し自分が握ろうと考えたのだろう。改組された科技部は、科研費の審査、評価、管理にもう参与しない。

2.国家金融監督管理総局を創設する

これまで金融セクターの監督管理は国務院傘下の中国銀行保険監督管理委員会が担っていたが、これを解体し、国務院直属機構の国家金融監督管理総局につくり直す。銀行・非銀行を含めた金融セクターへの監督管理を強化するのが目的だが、金融セクターの公務員の入れ替えは行われそうだ。

3.地方金融監督管理体制改革を深化する

地方の融資プラットフォームに対する金融監督管理部門の監督手段に欠陥がある、とした改革。金融管理の中央権限を強化し、中央金融管理部門の地方派出機構を主とした地方金融管理システムを構築する。

4.中国証券監督管理委員会は国務院直属機構に調整される

資本市場の監督管理職責を強化するために、中国証券監督管理委員会は国務院直属事業単位から国務院直属機構に昇格。国家発展改革委員会の企業債券発行審査の職責を、中国証券監督管理委員会に組み入れる。

5．中国人民銀行の支店（支行）機構改革を統括的に推進する

朱鎔基時代、中国人民銀行の独立性と地方政府への監督機能を強化するために設立された大分行（大区分行）システムを調整し、行政区ごとに支店機構を設置する。建前上、人民銀行と地方政府の協調が進み、地方のシステミックリスク緩和に利するとされるが、人民銀行から独立性や監督機能が分離されるという見方もある。

6．国有金融資本管理体制をパーフェクトにする

7．金融管理部門の職員の統一管理を強化する

人民銀行、国家金融監督管理総局、中国証券監督管理委員会、国家外為管理局その他の支局機構、派出機構の職員も国家公務員の統一ルール管理に含め、行政編制により、国家

公務員給与待遇を基準とする。金融セクターの上層部にいる太子党ファミリーの特権を排除するのが狙いかと見られる。

8. 国家データ局を創設する

デジタル安全保持、産業データ管理監督、情報化発展、デジタル政府建設などの現行の任務を全体的に安定させるという前提のもと、デジタル資源を享受し開発利用する方面の関連の職責を相対的に集中させ、国家データ局を創設し、国家発展改革委員会傘下の国家局とする。

情報資源の産業を超えての相互連携推進の職責、国家発展改革委員会が請け負う統括的なデジタル経済発展推進への協調、ビッグデータ戦略を組織実施すること、デジタル基礎制度建設推進、デジタルインフラ配置建設などの職責なども国家データ局に組み入れられる。

9. 農業農村部の職責の最適化

10．高齢化工作体制をよりパーフェクトにする

人口高齢化国家戦略に積極的に対応。国家衛生健康委員会の組織を高齢化政策措置に対応させ、全国高齢工作委員会の具体的業務など職責を民生部に組み入れる。

11．知財権管理体制をパーフェクトにする

国家知財権局は国家市場監督管理総局の国家局として、国務院直属機構となる。

12．国家陳情局（信訪局）は国務院直属機構となる

13．中央国家機関の人員を削減する

中央国家機関の人員編制を統一的に５％削減する。重点領域、重要工作に従事する人員編制にする。人員削減の難しい部門は５年の過渡期で徐々に減らしていく。

公安・国安改革には言及されなかったものの、８のデジタルデータに関する組織改革は、経済マターとして説明されているが、実のところ、公安・国安に直結するテーマだ。デジ

タルデータ管理は、デジタル・レーニン主義の確立において、重要なステップと見られている。こうした機構改革の狙いは習近平が金融、ハイテク、デジタル技術に関する政策を自ら指導し掌握することで、今後本格化する国際社会における金融デカップリング、ハイテク産業デカップリングに、対応していくことだと説明されている

特に米国が急速に強めている半導体・人工知能領域関連の輸出規制に対抗するため、中国としては国内経済を立て直しつつ、中国朋友圏内でハイテク関連サプライチェーンを再構築する必要がある。そうした一連の政策を、予算配分や進捗《しんちょく》指導まで習近平主導で行いたいということだろう。

だが、こうした表向きの理由と同時に、国務院の影響力を削いでいこうという狙いは、やはりあろう。

国務院の金融セクターの監督管理権限は、朱鎔基首相が自ら人民銀行（中央銀行）総裁を兼務して断交した改革以降、大きく強化されてきた。このことから、金融・銀行セクターには朱鎔基系人脈、あるいはその後任として首相になった温家宝系人脈が幅を利《き》かせてきた。

また、中国の高度経済成長を支えてきたのは、江沢民政権時代の改革開放推進による外

資・外国技術の導入だが、こうした外国資金、技術の窓口になったのは上海のプライベートエクイティ企業家たちだ。その代表格が江沢民の孫の江志成たちでもあった。つまり、中国の金融人材は国際金融都市・上海で実績を積んだ上海閥系人材が多く、彼らは大抵、米国留学経験のある金融エリートたちなのだ。

習近平が、こうした米国留学経験のある金融エリートたちを享楽主義者として嫌っているのは知られた話だ。これを厳しく取り締まりたいと考えていることは、中央規律検査委員会が2023年2月23日に発表した「反腐敗闘争をしっかり持久戦で戦い続け、必ず勝利する」と言った3500字ほどの論評からもうかがえる。

これは「金融エリート論、唯金銭論（経済至上論）、西側を見習え論など誤った思想を打破し、生活の豊かさやハイレベルな暮らしを過剰に追い求める享楽主義や贅沢の気風を粛正し、金融業の暗黙のルールや不正のムードを糺《ただ》し、破れ窓効果（軽微な罪を見逃すことで犯罪が蔓延する）、赤信号みんなで渡れば怖くないといったメンタリティーを根絶するのだ」と呼びかけていた。

中央規律検査委員会としては、政治紀律や政治ルールを破壊し、党に対して不誠実かつ不正直で、表向き従順なのに心の中では党に批判的な「両面派」（ダブルフェイス、二枚舌）

を徹底して取り締まり、政治グループ、派閥、利益集団の腐敗分子といった党内の政治病巣を徹底排除する意思を強調していた。

さらにこの論評では、中共は「影の株主」「影の企業」「天下り政商」「逃亡式辞任」などの新型腐敗、インビジブルな腐敗などに対する捜査能力を強化するつもりだと語り、権力と資本の癒着構造を徹底的に洗い出す意欲を示している。

こうした流れを総合すると、国務院機構改革を通じて、金融、中央企業分野での権貴族（中国版オリガルヒ＝大富裕層とその背後の官僚・政治家たち）の大粛清が始まる予感も漂っている。

ただ、人民銀行総裁の易綱、財政部長の劉昆、商務部長の王文濤ら主立った経済・金融閣僚が予想に反して残留したことから、習近平も、国務院内の金融エリートたちを一気に排除したら中国経済が混乱する、と考えたのであろう。だが、少なくとも国務院官僚５％削減の過程で、習近平に反抗的であった官僚は淘汰されていくだろう。たとえば国家衛生健康委員会を高齢化工作対応に改革する過程で、ゼロコロナ政策に異議を唱えた感染症専門家も粛清されていくかもしれない。

新首相の李強は、浙江省で民営経済の発展に尽力してきた官僚だと期待する声もあるが、おそらくは習近平に忠実な代理人として国務院に送り込まれ、自らの手で部下の官僚を習近平の意向に沿って淘汰していく側になるだろう。

13日の首相としての初の国内外記者会見で李強は「今年の世界経済の情勢は楽観的でなく、不確実、不安定で、予想しがたい困難はさらに多い」と語り、1~2月の統計データが回復基調なのにもかかわらず、暗い見通しを語った。これは、李強自身が、中国の経済を支えてきた国務院という官僚機構をこれから潰していくのだということを分かっているからだろう。

ジャック・マーの帰国から始まるエリート粛清

全人代で新たな首相となった李強自身は、けっして無能な官僚ではない。彼は浙江省の官僚時代、浙江省で優れた民営企業家の育成に政府側から支援にあたった親民営経済サイドの官僚だった。だからこそ、1年以上も中国本土から遠のいていた中国最大手IT総合企業のアリババ創業者、馬雲（ジャック・マー）を、説得して帰国させることができたのだろう。

馬雲は２０２３年3月27日、自分がつくった私立学校・雲谷学校に現れ、教育問題や教育におけるＡＩの活用などについて校長たちと話し合った様子が、学校のＳＮＳアカウントに投稿された。この一年余り、日本を含む海外を点々としており、それは中国では自らの身の安全と自由が保障されないと思っているからではないか、といわれていた。

実際、ＩＴ金融のゴッドファザーと呼ばれたチャイナ・ルネッサンスＣＥＯの包凡が当局に2月に身柄拘束され、いまだ解放されていない。かつて中国一の金持ちと呼ばれた漢能集団創業者の李河君も、1月にひっそりと逮捕されていた。

過去10年の習近平政権時代、民営企業家、「首富（中国トップの富豪）」と呼ばれた人たちは、いつ自分が逮捕されるか、失脚させられるか分からない状況にびくびくしている。中にはＳＯＨＯ中国創業者の潘石屹夫妻のように、手持ち資産を投げ売りし、早々に米国に移住しおおせた者もいるが、恒大集団創業者の許家印のように追い詰められ、「債権者から逃げるためにビルから飛び降りて自殺未遂か」と社会面でニュースになった者もいる。

だから、馬雲がそんな状況の中国に帰国したということは、これは習近平の「民営企業いじめ」政策はもう終わったというシグナルではないか、という噂も立って、アリババ株も一気に上昇した。民営企業家も投資家も、もう安心していいのだ、と！

だが、それは儚《はかな》い幻想に過ぎないだろう。全人代の機構改革などを見れば、これまで業界潰しをやってきた習近平の次のターゲットは金融業界だと目《もく》されている。実際、すでに中国銀行の元党委書記の劉連舸が汚職で取り調べを受けているのをはじめ、少なくとも四大国有銀行の幹部9人が次々と失脚した。中央紀律検査委員会と銀行監督管理委員会は3月末に秘密会議を招集し、金融業界の腐敗取り締まりの本格始動を宣言したとされる。

『ウォールストリートジャーナル』の特ダネによれば、馬雲帰国翌日の3月28日、アリババが発表した業種別六分割計画『1＋6＋N』組織変革は、馬雲が海外から数カ月前に、現CEOの張勇に指示して行わせたという。ますます市場の飽和状態が進む中国で、柔軟性と競争力をアップさせるための策だという。馬雲はCEOをすでに引退しているが、企業における影響力、発言力は依然として強く、彼の指示であれば、幹部たちに反対する者はいないだろう。

馬雲は3月25日の週末は香港にいて、本当は日本に行く予定だったらしいが、日程を急遽変更して中国に飛んだ。その理由は不明だが、多くの人が想像しているのは中国政府と何らかの協議か約束が成立したのではないか、ということだ。習近平政権が3期目に突入した2022年秋以降、首相の座に就くことが確定していた李強が馬雲の帰国を説得し続けていたという。李強は浙江省官僚時代に馬雲と昵懇《じっこん》だったという。だが馬雲は、その誘いを拒否し続けていたともいわれている。

その心境の突然の変化について、おそらくはっきりとした理由はまだどこにも報じられていないと思うが、2022年暮れから中国政府は、民営企業に対する態度を変えるというシグナルを出していた。劉鶴は2021年1月のダボス会議で、現役副首相としての最後の務めとばかり、世界に向かって、「計画経済に戻るなんてありえない。中国は再び対外開放路線をとり、中国経済は回復する」と精一杯訴えていた。3月の全人代で正式に首相に就任した李強は最初の国内外向け記者会見でやたらと、自分が民営企業の味方であるイメージを打ち出していた。

だが、中国の官僚政治家がいくら口先で民営企業をなだめたとしても、過去10年、習近平政権が行ってきた民営企業いじめの凄《すさ》まじさの悪印象は、簡単には払しょくできない。

振り返れば、P2Pオンライン金融業界潰しから始まって、保険業界、不動産産業、インターネット・プラットフォーム業界、ハイテク産業、塾・教育産業、娯楽産業、スポーツサッカー業界など、一つひとつの業界・産業界が、汚職摘発や独禁法違反、業界の健全化といった建前の理由で取り締まられ、整理され、規制をかけられて支配され、扼殺《やくさつ》されていった。

逮捕された企業家や幹部も、解体された企業も数知れず、そして利益供与関係にあった官僚も粛清され、一種の権力闘争の面もあった。習近平には習近平の考える正しい業界の姿というのがあり、それが資本と権力を切り離すこと、中国版オリガルヒと呼ばれる権貴族（資本と権力を併せ持つ共産党内部の勢力）の利権を潰すことだった。

それは一面、正しそうに聞こえるのだが、そのプロセスに法治や公平性、透明性というものがないから、恐怖政治以外の何物でもない。たとえばサッカー界汚職摘発の背景には、習近平のサッカー好きという個人の趣味に呼応したヒラメ官僚たちの野心があったことも否めない。習近平は２０１１年に中国をサッカー大国にすべく三段階計画を打ち出し、最終的に中国のワールドカップ優勝を目標に掲げた。習近平に忠実なスポーツ官僚は金に飽かせ、海外スター選手をかき集めるなど、禁じ手をいくつも使い、そこで利権の温床が拡大した。だが10年が経ち、中国サッカー界は汚職と金喰い虫外国人選手に荒らされ、サッカーファンからも見放され、業界としても崩壊寸前の瀬戸際だ。

習近平のためにやったことが習近平の逆鱗に触れるという矛盾は、健全な経済運営を阻害している。その最大の要因は、共産党独裁体制に他ならないということも浮き彫りにした。

こうした10年の習近平独裁の後に、手のひらを返したように「民営企業を応援する。外資は安心して投資せよ」と李強首相が訴えたところで、中国の民営企業家も、外国の投資家も信じられるわけがなかった。

だが、そこに馬雲という中国民営経済のカリスマ企業家が戻ってきたとしたら、それは多くの人たちに、ひょっとして中国は変わるのではないか、という印象を与えるかもしれない。

馬雲ほど卓越した先見の明のある敏感な企業家が再び中国に戻ってきたのなら、中国にはまだ経済的なポテンシャルがあり、投資する価値があるのではないか、という説得力が生まれるのだ。では馬雲は、本当に中国にチャンスがあると考えて帰国したのか。

アジア・ソサエティポリシー・インスティテュートの中国分析センター共同創始者のジン・チェンは『ウォールストリートジャーナル』の取材に応えて、「馬雲は中国が技術覇権をとろうとする野心を助ける力になるかもしれない」「馬雲はイノベーションのリソースを動員して、外国のライバルたちを打ち負かすのは得意だ」と指摘した。つまり、馬雲が自分の中国内の政治的安全と引き換えに中国のハイテク野心に加担するつもりではないか、という見立てを語っていた。アリババの六分割は中国政府が民営企業の市場寡占化を阻止したいという意図を汲《く》んだものだろうし、いわゆる黄金株を通じて中国当局のコントロール強化に都合がいい。もし、手塩にかけて育て上げたアリババ帝国を、中国共産党の都合のいいように自ら解体することを決断したというなら、馬雲は中共の軍門に下った、という見方も出てこよう。

２０２０年10月、馬雲は、「時代錯誤の規制は中国の技術革新を窒息死させる」と習近平のやり方を批判したことがあった。この上海の金融フォーラムでの発言が、馬雲の迫害の一つのきっかけとなったと当時、いわれていた。そうした中共のやり方に不満を抱いていた馬雲が今度は中共の宣伝塔になろうというのだから、ひょっとすると習近平政権もこれまでの路線を反省して、民営企業や業界に対するコントロール、支配をちょっとは緩めていくのではなかろうか、という期待も出てくるかもしれない。

だが、私は「そうはならない」と予言しておこう。習近平はやはり、今後も引き続き、業界潰しをやっていくだろう。しかも次のターゲットは金融業界だ。金融業界こそが習近平が敵意を持つ中国版オリガルヒ・権貴族と最も癒着が強く、またいわゆる米国のディープ・ステートと呼ばれるユダヤ金融勢力とも関係が深い。金融を支配してこそ、真の権力を掌握できると、習近平は考えている。

では、習近平がこれまで各業界でやってきた「粛清」がどういう結果を生んだか。あれほど国際社会から注目されていた、中国のユニコーン企業やスタートアップ企業ブームはどうなったか。中国経済のエンジンといわれていた不動産市場は、どうなっているのか。同じように金融業界の「整理整頓」をやれば、中国の金融業界はクリーンになって、より発展する？　そんなわけがない。

おそらくは、混乱を極め、ひょっとすると、中国経済全体にショックを引き起こすような状況になるかもしれない。何せ金融は、経済の根幹をなす産業なのだ。馬雲は、国際企業や投資家を騙すための「生餌《いきえ》」だと私は見ている。

金融業界の「派遣切り」が示す暗雲

上海の国有商業銀行、浦発銀行のクレジットカードセンターの職員100人余りが5月

11日、職場前で座り込み抗議を行ったことが中国内外で一時話題になった。

浦発銀行子会社の浦発理財の社員の給与が大幅に減給された、という情報もネットで拡散された。これは単に一銀行の問題というより、中国の金融界の問題が反映された事件として、中国内外で注目された。

ネット上の情報を総合すると、中国のメーデー連休が終わって間《ま》もなく、一部の職員が通常のように出社すると、突如クビを言い渡されたり、給与大幅カットを告げられたりしたという。中国ネットメディアの『中新経緯』などによると、クレジットカードセンターの職員の多くは、浦発銀行の正規職員ではなく、上海外服傑浦企業管理有限公司という人材派遣会社との契約社員だった。２０２２年12月、この人材派遣会社は契約社員たちに、労働契約を解除し、条件の悪い別の新たな請負企業と契約し直すように要求した。だが一部の契約社員は、この転職条件に不満を持ち、要求を拒否していた。

5月10日夜、契約社員たちは呼び出されて、再度、労働契約解除を通知され、同意の署名がなくともクビにできると言い渡された。これに不満を持った契約社員たちが翌日の11日、浦発銀行クレジットカードセンター前で座り込み抗議を行ったという。

この座り込み抗議の写真や動画は、中国国内外のＳＮＳで拡散された。

また、給与が大幅に削減されたことに不満を持つ行員たちがストライキを行ったとも伝えられている。浦発理財のある社員は、もともと2万元あった給与が6260元にまで減給された、とSNSで訴えていた。この銀行の普通行員はおよそ50％の減給、主任級以上は40％減給が通達され、一部行員はこれに抵抗してストライキを行っているという。

この事件についてネットで騒ぎになったところ、浦発銀行は以下のような声明を出した。まず、この二つの事件は直接関係ない、ということ。浦発銀行子会社（浦発理財）で減給が行われた社員は業績が悪かったからで、今は交渉を通じて給与調整について理解を得ている、という。

次に、人材派遣会社の契約社員の労働条件による紛糾は、人材派遣会社の問題であり、人材派遣会社と契約社員の間で目下話し合いによる解決を図っているところだ、という。

浦発銀行の2022年の年次リポートによれば、クレジットカードセンターの職員数は1万1975人もいる。これは同規模の銀行と比較すると異様に雇用数が多い。たとえば同様規模の平安銀行クレジットカードセンターの職員1992人、興業銀行クレジットカードセンターの職員は1134人。

このことから、浦発銀行クレジットセンターは経営に無駄が多いのではないか、という株主からの疑問もかねてよりあった。ちなみに浦発銀行クレジットカードセンター社員・職員のうちおよそ1万人が人材派遣会社と契約した非正規雇用で、非正規雇用の契約社員の月給は1～2万元（約20万～39万円）だったという。

契約社員たちは新たな請負企業との再契約に際し、それまで所属していた人材派遣会社に対して勤続年数×月給分の退職金を支払うように要求したが、会社側はこれを拒否。また新たな請負企業が提示した給与は新人のもらう給与のように低かったという。

この人材派遣会社は大手人材派遣会社、上海外服集団の子会社で、２０１６年に、主に浦発銀行のクレジットカードセンターなどのアウトソーシング業務を請け負うために創設された。

銀行のクレジットカードセンターは銀行の子会社の中では特殊な存在で、業務そのものがアウトソーシングとして請負企業に丸投げされることが多い。銀行と請負企業間で代理契約協議を結び、請負企業がクレジットカードセンターの運営を行い、銀行自身はその運営に直接関与していない。中国でクレジットカードセンターが一時期、雨後の筍のように誕生したが、経済が悪くなった現在、クレジットカードセンターは飽和状態になっており、いずれのセンターも業績悪化に悩んでいる。そういう中で銀行側はクレジットカードセンターの縮小を進めようとするわけだが、銀行側が請負企業側に派遣社員・職員数を減らすように求めても、リストラされた派遣社員に対していわゆる労働法に基づく退職金支払い義務は銀行側にない。その義務を負うのは人材派遣会社、請負企業だ。だが、派遣会社、請負企業としては労働者の派遣先が変われば、給与や雇用条件の調整は当然と考え、契約社員とトラブルになりやすい。

浦発銀行の問題は、銀行の経営悪化、クレジットカードセンターの業績悪化と、人材派遣企業による専門的な業務アウトソーシング契約のトラブルが重なって複雑化したものだと言える。

だが本質は、中国の銀行業界の問題であり、それは中国経済全体の問題と言える。

近年の銀行市場は相対的に飽和状態で、銀行間競争の圧力は大きくなっている。北京はまだましだが、急激に厳しくなっているのは上海で、クレジットカードや理財商品の銀行員の販売ノルマは重く、かつてほど銀行員は花形職業とは思われていない。

中央銀行が発表した2022年第4四半期支払いシステム運行総体状況リポートによれば、2022年第4四半期末、全国で利用されているクレジットカード、デビット一体カードの総数は7・98億枚で、第3四半期よりも1・2%減少した。上場銀行の年次リポートを見れば、一部銀行のクレジットカード発行量、流通量の増加速度は減速している。浦発銀行についていえば、2022年末、クレジットカード流通量は5133・16万枚で、前年同期比5・98%増で、これは2021年が前年同期比で10・78%であることと比較すると、急減速と言っていい。

銀行保険監督管理委員会、人民銀行が2022年7月に発表した「クレジットカード業務ルールの健康発展に関する通知」では、「18カ月以上の取引がなく、当座貸し越し残高や過払いがない長期休眠カードが、同じ銀行の発行するカード総数の20%を超えてはならない」と規定された。この比率を超えた段階で、銀行は新たなクレジットカードが発行できなくなるのだ。

中国ネットメディアの新浪財経によれば、浦発銀行の総資産は8・8億元あるが、その利益は3年連続で下落しており、行員給与は何度かに分けて引き下げられたという。浦発銀行側は、この理由を国際地政学上の衝突がグローバル経済にマイナス影響を与え、今後の経済回復の見通しが不確実になっていることが原因だと説明している。SNSなどで人気の財経評論家の蔡慎坤が、この浦発の問題の背景についてこんなコメントをネットメディアに寄せていた。

「これは、中央企業の利潤が急減少しており、その結果、生じた不良債権の損失を最終的に銀行が引き受けなくてはならないからだ。銀行は、どこからも借金を取り立てることができないのだ」

特に、習近平が2020年後半に発動した不動産バブル退治政策「三つのレッドライン」（不動産企業への資金調達制限など）による不動産市場の打撃が、いまだ回復していないことが大きいようだ。習近平政権は2023年に入って不動産政策の転換を打ち出し、不動産市場の回復を目指しているようだが、ゴールドマンサックスやUBSの予測を見ると、中国の2023年の販売住宅面積予測はそれぞれ8％下落、10％下落としており、2022年の20％以上の下落と比べれば多少は改善するも、依然として苦境にあることに変わりはない。習近平の不動産政策の失敗は、消費者の不動産市場への信頼を根こそぎ奪い、銀行は消費者の住宅ローン返済拒否問題とデベロッパーに対する投融資のエクスポージャー拡大の両方の圧力、リスクの板挟みという厳しい状況に陥っている。

さらに全人代以降の習近平の政策の目玉は、金融機構改革で、腐敗撲滅を建前に金融機関に対する監督統制を強化することだ。また、習近平の掲げる共同富裕論に基づき、銀行員の給与が高すぎるという世論も起きていた。

こうした中国の経済、社会環境の縮図が浦発銀行問題に表れたと言える。銀行員だけでなく、証券マン、地方政府公務員、中央企業管理職などこれまで安定職業、高給取りのエリート、花形と呼ばれていた職業は今、新規採用が激減し、給与カットが繰り返され、リストラが進んでいる。そして高額給与のエリートたちに対して「給与をもらいすぎだ」と批判する庶民の恨みが、習近平の「共同富裕」政策の錯誤を修正させるどころか、後押しする状況で、中国経済が悪化していく中、金融エリートたち、安定花形職業は消滅していくしかない状況なのだ。

「人民元国際化」の野望の行方

中国がこのように厳しい金融界粛清を始め、その余波が実体経済にも影響を見せている中、それでも世界の新興国、途上国で、中国と貿易する際に中間貿易通貨としての米ドル使用を放棄し、人民元決済を導入する国がじわじわ増えている。3月以降、ブラジル、アルゼンチン、シリアなどが次々と人民元決済を導入すると発表した。

これを「人民元の国際化」が進んだと受け取るかどうかは意見の分かれるところだが、米国で銀行の経営悪化、破綻が続く中で、短期的には人民元に対する評価が上がっているという見方もある。果たして、人民元がドルにとって代わる日は来るのか。

2023年4月29日、シリアのアサド大統領は中国から派遣された翟隽特使と会見し、貿易決済の人民元使用を推進することに賛同を示した。

アサドは「世界は政治、経済において、中国が新たなグローバル情勢のバランサーとなることを求めており、同時に中ロ関係やBRICSの枠組みなどが新たな多極的な国際秩序を建設する強大な空間をつくるだろうと考えている」と述べた。

アサドは米中の対抗がまず経済から始まり、これが貿易でドルを使わない必要性をますます大きくしている、と指摘。BRICS国家はドル脱却において主導的な影響力を発揮し、国際貿易において人民元採用を選択していることに言及。さらに中国の経済圏構想「一帯一路」の重要性や、サウジアラビアとイランの関係改善への中国の努力、そのことによる中東地域全体へのポジティブな影響力を評価した。

その数日前の4月26日には、南米のアルゼンチンのセルジオ・マッサ経済相が「今月から中国輸入品の支払い10・4億ドル相当は、米ドルを使用せず、人民元で決済する」と発表。3月にはブラジルのルラ大統領が中国を訪問し、ブラジルと中国間の貿易決済で米ドルを中間貿易通貨として使わないと宣言していた。

マッサによれば、人民元を決済に使用することでアルゼンチンは、今後数カ月のうちに中国からの輸入テンポが加速し、人民元決済による効率がさらに高まるだろう、という。人民元決済により、輸入審査も180日から90日に短縮できるとの見通しを示した。現地の照会によれば、人民元決済はアルゼンチンの中国からの輸入プロセスを簡素化できる。

またマッサによれば、人民元を決済通貨に使用することで、中国の企業との取引を選択する企業がますます増えることになるだろう、という。アルゼンチンの場合は、人民元決済により、外貨準備のドルの枯渇を回避できるという面もある。

こうした動きの中で、『ロイター』は、「中国人民元が、緩やかだが国際貿易決済通貨の地位を向上させている」と報道。米ドルは依然として世界の基軸通貨として、貿易決済通貨として圧倒的なシェアを占めているが、中国が関わる二国間貿易では人民元決済がじわじわと増えて、3月の段階では人民元決済量がドル決済量を初めて超えた。中東からの石油購入、ブラジル、ロシアとの貿易決済がすべて人民元で支払われたからだ。

ブラジル、アルゼンチン、シリアに続き、マレーシアも中国との貿易で本国通貨を決済通貨として使用する方向で交渉している。両国はまたアジア通貨基金の設立についても協議を行っているが、これは米ドルに対する依存度を減らすのが狙いだ。

タイも中国との貿易の人民元決済などについて協議を5月から本格化。また、カンボジアではすでに同国内のホテルやレストランでの人民元決済が可能になっている。自国通貨の弱いカンボジアは高度にドル化された経済だったが、ここ数年、中国はカンボジアの人民元利用の拡大とドル脱却を、あの手この手で働きかけている。

ドル基軸を支えるグローバルな決済システム、いわゆる「ＳＷＩＦＴ」のデータによれば、人民元の世界貿易融資における比率が2年前の1・3％から今年の2月までに4・5％に増加した。ちなみにドルは、84％を占める。

また人民元の3月の支払い額は月当たり、明らかに増加して20・9％増だった。同時期の世界のすべての通貨の支払い額全体は1・7ポイント上昇しただけだった。結果、3月、人民元は世界の決済通貨全体の2・5％を占め、2月の2・2％より若干増えて、世界の五大決済通貨の一つとしての地位を維持した。

今のところ米ドルのシェアは圧倒的で、世界の決済通貨全体の41・1％を占めている。次がユーロで35・4％、ポンドは6・47％、円は2・8％だ。シェアからすれば人民元決済は微々たるものだが、その拡大速度は加速している。

その理由の一つとして、やはりロシアのウクライナ侵攻に対する西側からの経済制裁がある。

ロシアは西側の経済圏から事実上デカップリングされたことで、奇しくも中国以外の世界第4の国際人民元交易センターとなったのだった。ロシアの人民元取引は、2022年初めは1％に満たなかったのに、今や40～45％が人民元決済となった。

おそらく中国、ロシア、ブラジルは、今後、第三国との貿易についても人民元で支払うように働きかけていくだろう。こうした反米的な国家がドルを放棄して、人民元決済圏を広げ、人民元の価値を上げていこう、という動きは強まるかもしれない。

人民元決済が広がる理由としてもう一つ挙げられるのは、米国金融の不安定化だ。

2022年の加速的利上げがもたらした金融不安によって、シリコンバレー銀行に続いてファースト・リパブリック銀行も破綻する破目になった。今後も米国の地方銀行破綻が続くという見通しもある。このことが世界経済にどういう影響を与えるかは今しばらくの観測が必要だが、米ドルの流動性への不安から東南アジアを中心に脱ドルの動きが加速するであろう、という分析が、中国共産党の内部誌『金融発展研究2023年第1期』に寄稿されていた。

もちろん、だからといって人民元がドルから基軸通貨の地位を奪えるかというと、そう単純な話ではない。

まず人民元は、まだまだ国際通貨としての条件を満たしていない。その資本勘定の開放には消極的で、人民元をドルやユーロや日本円のように自由に流通させようともしていない。口では「資本市場開放」と繰り返しているが、習近平政権はむしろ、資本市場に対する党のコントロールを強化する方向に動いている。

台湾中信金融管理学院の謝金河教授はフェイスブックで、こう指摘していた。

「人民元がドルにとって代わって世界の主要外貨備蓄となるまでには、道のりははるか遠い。人民元と米ドルでは、世界の外貨備蓄量の比重差は非常に大きく、しかも人民元の外貨備蓄のシェアは2022年上半期の2・88％をピークに下がって、下半期には2・69％になっている」

「人民元はまず自由化されることが先決で、そうしてからやっと基軸通貨ドルにとって代われるかどうかを語るべきだ」

一方、香港の経済評論家の利世民がＲＦＩ（フランス国際放送）で興味深い指摘をしていた。

「中国は、より多くの人に人民元をより多く利用してほしいと考えている。しかし、実情は米ドルの主導的地位を揺るがすのは難しい。なぜなら米ドルの資金プールは非常に大きく、売買と自由度が極めて高いからだ。一方、中国は、株式の繁栄のほか、（人民元流通拡大が）国内経済とその背後の実権に影響を与えないことを望んでいる。ゆえに、中国がやろうとしているのは人民元の国際化ではなく、人民元の金融商品の国際化または人民元建て債券の国際化であると考えている」

さらに、香港にその任務を負わせたいと考えているという。だから、香港が10年前に突然イスラム金融を発展させたように、最近になって人民元建て株式売買と債権発行を開始したのだ、と。彼の予測では、数億の価値がある香港の強制性公積金が今後、人民元建て債券を大量に購入することになろう、という。そうなれば香港ドルと米ドルのペッグレートは人民元の流通後も維持できるのか、という疑問を呈している。

1983年、香港ドルが英国ポンドから米ドルにペッグされるようになった例を振り返れば、香港ドルが人民元とペッグされる決定と発表は、ある日突然行われるかもしれない。

こうした専門家の意見を総合すると、人民元がドル基軸を脅かすような状況というのは当面ありえないとは思われるが、人民元経済圏が確実に急速に拡大していることは間違いない。その背景として、中国の経済プレゼンスの拡大以上に、米国のロシアに対する経済制裁、金融制裁の容赦なさがあるかもしれない。つまり、世界の少なからぬ反米国家は、ロシアの状況を見て、自国もいつかドル決済システムから排除されるかもしれない、と怯えたことだろう。

ＳＷＩＦＴに代わる決済システムとして中国の「ＣＩＰＳ」という人民元決済システムが注目されるようになったのも当然かもしれない。ＣＩＰＳは送金情報伝達手段がＳＷＩＦＴに依存しているし、ＳＷＩＦＴの代替システムになるにはまだまだ時間がかかるが、米国がドル決済システムからの排除を制裁手段として振り回すようになっていけば、人民元決済空間はそれだけ拡大する。数十年単位で見れば、あり得ない話ではなく、その過程でおそらくは香港ドルが米ドルから人民元ドルペッグとなり、香港証券市場での人民元建て債券発行、証券売買が拡大していくことになる。

人民元決済を導入した国の多くが、アンチ米国の新興国、途上国で、エネルギー、食糧、資源鉱物の産地であるコモディティ貿易国であることも要注意だ。

米ドルが基軸通貨となった最大の理由は、第二次大戦後以来、世界の石油貿易でドルが決済通貨となったからだ。「石油・ドル」システムが米国の国際金融におけるボスの地位を担保し、その結果、世界の外貨準備通貨となった。

米国とかつての帝国主義国との最大の違いは、広く深い金融市場によってグローバルな資源コントロールシステムを構築したことである、と吉林大学経済学院の李暁教授がＢＢＣのインタビューでコメントしていた。米国の国内外政策の核心は、この米ドル基軸体制をうまく運転することであり、これこそが米国の核心的利益だ、と。

中国はこのことをよく理解し、１００年ぶりの世界の変局の時代を迎えて、米ドル基軸体制の打破こそが、米国一極体制から米中二極体制あるいは中国一極体制への再構築の筋道につながると考えてきた。米国がまさに中国を西側の経済・金融からデカップリングしようとしているときに、エネルギー資源や食糧資源が集中する中東、中央アジア、ユーラシア、東南アジアを「一帯一路」という経済圏、中国朋友圏としてまとめて人民元決済を拡大していこう、というのが今進行している中国のシナリオだろう。

目的とロジックと手段が明確で確実に進んでいるということを考えれば、「人民元基軸時代が来るなど、ばかばかしい夢物語だ」と鼻先で笑って油断しているわけにはいかないと思うわけだ。しかし、西側金融を参考にする金融エリート官僚たちを粛清し、銀行を追い詰め、民営フィンテック企業に対する締め付けを強化しながら国際金融の主導的立場を米国から奪おうという、一見矛盾する発想をこの勢いで進めてゆくことで生じるひずみは、ひょっとすると大陸が移動するプレート・テクトニクスによるひずみのように、ある日突然、大地震を起こしうるのではないか、という懸念もある。

中国に賭けるグローバル企業

テスラのCEOイーロンマスクが2023年5月末、3年ぶりに中国を訪問し、北京当局から破格の待遇を受けた。シンガポールで開かれるアジア安全保障会議（2～4日）に合わせて米側が要請していたオースティン米国防長官と中国の李尚福国務委員兼国防相の会談を、中国が拒否し、米中関係の改善の行方には絶望的な観測が逃れている一方で、マスクは中国の主要官僚と次々に面会してみせた。これは中国がマスクを篭絡して利用しようとしているのか、それとも政治関係、安全保障方面での対立は先鋭していても米中ビジネス関係はまた別だ、ということなのか。

少なくとも一部のグローバル企業のトップたちは、中国習近平新時代の経済政策のひどい現状を目の当《ま》たりにしながらも、今後の中国に賭けようとしている。

米中関係が低迷し続けているなかでのマスク訪中はわずか3日間という短期間であるが、マスクが面会した中国官僚の数は、米国の政治家や官僚の訪中のときよりも多かった。

マスクは5月30日、北京に到着し、秦剛外相と会談、31日には王文濤商務相、金壮竜工業情報化相と会見した。さらには31日午後、丁薛祥副首相と会談、この時会談内容は完全に非公開だった。丁薛祥は政治局常務委員（最高指導部メンバー）であり、党内序列6位の大物。丁薛祥としては初の外国企業ＣＥＯとの一対一の会談であり、これは中国がいかにテスラとの関係を重視しているかの表れとも言えた。

２０２０年1月、マスクはテスラ上海工場のテスラ・Ｍｏｄｅｌ３タイプ納車セレモニーに出席。その直後に中国ではコロナアウトブレークによる上海ロックダウンが発生。

これは中国におけるテスラとＥＶ産業の発展に直接的な多くの影響を与えた事件だった。マスクは事前に李強首相との会談も望んでいたという。だが、李強と会えたがどうかは、確認がとれていない。李強は２０１９年にテスラ工場の上海招致に重要な影響を与えた当時の上海市書記で、ひょっとすると秘密裏に会談しているかもしれない。

それまで、その他外国の自動車メーカーが中国に工場をつくる場合は、中外合資が条件だったが、テスラに対しては中国パートナー企業との合資の必要がなく、独資でよいと決断したのは、李強だった。

米シンクタンク、オルブライトストーンブリッジグループで中国ハイテク政策担当のシニア副総裁のポール・トリロによれば、マスクの今回の訪中ポイントは中国の政策の方向性を探ることであろう、という。

トリロはボイスオブアメリカに対し、「マスクは中国の変化における自動運転自動車の管理領域に対する見方やこの種の産業の発展方向に対する見方の説明を李強に求めたかったのだろう。党大会と全人代後、指導部が大きく入れ替わり、新体制がテスラについてどのように対応していくかを見極めたいのだろう」と指摘した。

マスクは訪中期間中、経済的に中国を切り離そうとする西側政界に対し抵抗する姿勢を明らかにしている。閉幕したばかりのG7サミットでは、西側陣営国家の指導者たちは中国の経済貿易デカップリングを望んでいるのではなく、デリスキングが必要だと主張、サプライチェーンのレジリエンスと安全性を協力して求めていくと語っていた。

中国外交部が発表したプレスリリースによれば、マスクは秦剛との会談で、「米中利益は融合しており、シャム双生児のようなものでお互い密接で不可分だ」と語ったという。さらに、「テスラはデカップリングや断絶に反対し、引き続き中国業務を展開していきたい」と述べたという。

マスクは2022年、カリフォルニア州に秦剛を招待したことがあった。そのとき、秦剛は駐米大使で、3月3日にフリーモント市のテスラ工場を訪問し、マスクと会談した。中国大使館は当時、マスクと秦剛が最新型自動運転自動車Model S Plaidに乗って米国公道をドライブしたと語っている。

トリロは「彼と秦剛は良好な関係を維持し、秦剛はすでに外相に出世した。マスクは、この関係を利用するだろう。マスクは中国の長期戦略の展望を視野に入れており、最高レベルの指導者との良好関係維持を試みるだろう。同時に中国国内とアジア市場の運営と製造能力を拡大するかどうかを考えているだろう」と指摘する。マスクの中国側の破格の待遇は、マスクと北京当局、双方にニーズがあったというわけだ。

ウイズダムトゥリー資産管理会社の量化投資専門家の任麗倩は、こんな見方を示している。

「中国は相互利益があると見られる分野では、そのバリューチェーンのアップグレードを支援するだろう。特に製造業、新エネルギーなどは中国が改善したい領域だ。それと同時に、中国はテスラのようなグローバル企業とのパートナーシップを通じて、中国が外資や外国技術に対して開放的であるということを示したいと焦っている」

「ビジネスレベルでは、中国はグローバルサプライチェーンの相関性をレベルアップし、維持することを目指し、商取引への門戸が開いていることを示したいのだろう」

「マスクのような人物にこうした閣僚たちが面会したがるのは、彼が産業をアップグレードさせる領域の人物であるからだ。中国人に雇用機会を提供し、効率の良い、クオリティの良い生産をさせる、そういう人物。彼は中国で最も人気のある企業家で、中国政府関係者だけでなく、国内の著名中国人企業家も喜んで彼と会いたがるだろう」

機関投資家のウェドブッシュセキュリティのシニアアナリスト、株式研究部門のＣＥＯのダニエル・アイブスは、テスラの上海工場は、そのグローバル生産の「心肺」である、と指摘する。

「テスラ上海ギガファクトリーは目下、月産８万台以上。中国でのテスラの生産規模と範囲は依然として同社の一番の強みだ」

中国はテスラにとって米国に次ぐ第二の市場で、上海工場はテスラのグローバルな最大の製造センター。２０２２年、テスラ上海工場は71・１万台の自動車を納車し、テスラの世界シェアの半分以上を占めている。

同時に、中国のＥＶ市場の値下げ合戦が熱く、テスラはＢＹＤやＮＩＯ、ＸＰｅｎｇとの価格競争に直面している。中国自動車センターのデータによれば、２０２２年の中国における新エネ車の販売量は６８８・７万台、世界販売台数の60％を超えている。

２０２２年、中国で販売されたＥＶのうち、80％が国内ブランド。市場研究機構のカウンターポイントのデータでは、ＢＹＤが29・７％のシェアで断トツトップ。テスラはシェア8・8％で、第3位だった。

アイブスは「今回のマスクの訪中は、国内EV値下げ戦争の鍵となるタイミングだ。国内のライバルとのシェア競争は、目下、テスラにとって最も突出した問題だ。中国のマクロ経済は楽観的ではないが、テスラはこの主要市場でEVブランドの足場を固め、中国で成長し続けていかねばならないのだ」と言う。

マスクはこの機会に上海工場での新型Ｍｏｄｅｌ3の量産を推進し、上海ギガファクトリーの生産拡大、まもなく着工されるテスラ上海大型蓄電システム「メガパック」工場を後押しし、自動運転技術を完全にし、バッテリー製品の中国市場のルートを開拓したいところだろう、という。

中国工業情報化部の微博オフィシャルアカウントによれば、マスクと金壮竜の会談では、新エネ車とスマートネットワーク車の発展などについて意見交換をしたという。マスクはさらに中国寧徳時代の曾毓群会長と会談しており、おそらくはテスラの上海メガパック工場での、バッテリーセルや動力電池の供給に関する商談ではないか、と見られている。

マスクは6月1日に帰国する前に、上海市の現書記の陳吉寧と会談。上海政府のプレスリリースによれば、陳吉寧は「テスラが上海への投資と業務配置を拡大し、新エネ自動車、メガパックなどの領域で協力が深まることを歓迎する」と述べた。

中国を訪問するグローバル企業家はマスクだけではない。モルガンスタンレー投資銀行のジェミー・ディモン、スターバックスＣＥＯのラクスマン・ナラシムハン、インテルＣＥＯの黄仁勲、フランスの高級ブランドＬＶＭＨ　ＣＥＯのベルナール・アルノーが相次ぎ前後して訪中した。またビル・ゲイツは6月16日に訪中し、外国民営企業トップとして初めて、習近平と単独会談した。

政治の風向きが不確実な中で、西側のグローバル企業はインド、ベトナムなど生産国の移転に取り組み、生産の多様化による、中国依存の減少に取り組んでいる。同時に、バイデン大統領は、中国へのハイテク分野への投資を制限する方向に舵を切っている。米中関係の緊張により、外国企業の幹部たちは複雑な地政学的状況には、格別に慎重にならざるを得ないだろう。

ウイズダムトゥリーの任麗倩は「中国の消費市場で金儲けすることは、中国国内インフラ、例えば製造業のインフラ施設方面で、彼らに利益をもたらす。企業としては、地政学は一つの課題だが、やはり中国の利点のいくつかは利用したいと思っている」と言う。

「最終的には、この非常に困難な環境の中で、企業とそのＣＥＯたちは、米国と中国の法律をできるだけ遵守しながら、目下の中国に関するネガティブな情緒にも非常に注意しなければならない」

ウェイドブッシュのアイブスは「米国と中国の地政学上の緊張情勢は激化しており、テスラやアップルは、まさに一種の綱渡り状態だ。だが中国での成功と生産のバランスをとれば、中国は需要と供給両方に置いて依然として重要な市場なのだ」と言う。

マスクは同時に、SNSツイッターのオーナーでもある。彼の中国訪問は、彼の「言論の自由絶対主義」と矛盾していると批判が寄せられている。

マスクは訪中の間、この旅に関することはツイッターでほとんど発信せず、ただ訪中が終わった時に、テスラ上海工場の従業員との記念撮影を発表した。だが、マスクは中国のファイヤーウォール内にあっても、外のツイ友とやりとりしており、米国国内のテーマについてはツイッターで論評していた。中国のファイヤーウォールはツイッターを遮断しているが、VPNなどのツールを使えばツイッターは使用できる。

人権組織の「ヒューマンライツ・ウォッチ」中国部シニア研究員の王亜秋はツイッターで、「自称言論の自由主義者（マスクのこと）は世界でもっともセンサーシップの厳格な国家の指導者に、言論の自由の手厳しい意見を提示し、自分の意見を言っただけで投獄されている中国人の釈放を呼びかけてほしい」と、皮肉っていた。

共和党予備選挙に立候補している起業家、ヴィベック・ラマスワミはツイッターで「中国共産党は米国企業家を道具として操っている。マスクが訪中しデカップリング反対を訴え、米中はシャム双生児だなどという一連の言動は懸念される」と訴えた。

さらに「中国共産党が私たちの最も著名なビジネスリーダーや著名人を傀儡にして、自分たちの課題を推進しようとするとき、これは米国にとって本当にリスクとなる。これは世界の認識を中国に有利なように傾斜させる。残念なことに、その効果がまさに現れている」と警告した。著名企業家たちが、このまま米国の人権や言論の自由の価値観を裏切り、習近平「独裁新時代」に賭けて、協力的でい続けることになるのか。

習近平独裁の寿命は、国内経済の行方、そしてそれは西側を中心としたグローバル経済の関わりの影響が大きいだろうが、その影響力を左右する存在が、米国を中心としたグローバル企業のキーマンたちであるとするならば、これは大きな不確定要素として注視する必要があるだろう。

蔡奇の台頭で懸念される習近平宮廷内闘争

第20回の党大会とその翌年の2023年3月に行われた全人代によって、習近平は党中央総書記、党中央軍事委員会主席、国家主席のいわゆる三役ともに3期目を連任することに成功し、習近平独裁はこれで、主な政敵を概ね潰した、と言えるだろう。習近平の政敵とは江沢民とその派閥だとされたが、江沢民は死亡した。また鄧小平、胡耀邦が育てた胡錦涛と共産主義青年団派（団派）も党大会閉幕式の胡錦涛強制退席事件や政治局メンバーからの団派一掃で、その影響力は失われた。

習近平は党と国家の機構改革第二弾を第3期目早々スタートさせ、経験と知恵のある優秀なエリート官僚を現場から淘汰し、官僚の末端まで自分が支配できるようにするつもりだ。首相は習近平に従順な李強、副首相も習近平の忠実なしもべの丁薛祥。経済のブレーンは何立峰で、これも習近平の腰ぎんちゃくだ。以前の劉鶴が、有能な経済・金融官僚で、ときに習近平と異なる立場や意見を持っていることを隠さなかったが、何立峰には習近平に面と向かって意見が言えるほどの経験や知見がなさそうだ。

政治局常務委員に残留した趙楽際、国家副主席となった韓正は汚職の証拠をしっかり握られているので、習近平に抵抗できない。こう考えると、習近平はもはや恐れる者はいない「完璧で究極の独裁者」になれるはずだ。

だが、やはり党内権力闘争は起きるのだった。それは習近平の忠実な部下同士の蹴落とし合い、足の引っ張り合いと言う「宮廷内闘争」の形で起きはじめた。

習近平のいわゆる「習家軍」と呼ばれる「習近平の家臣軍団」は主に四大派閥、五集団に分けられる。

趙紫陽の顧問を務めたこともある中国人研究者で今は米スタンフォード大学と米シンクタンク、アジア協会に在籍している亡命華人評論家の呉国光が海外の政治評論季刊誌『チャイナ・リーダーシップ・モニター』に寄稿したところによると、習近平の忠実な部下たちの間に、すでに新たな派閥とグループが誕生し、対立が起き始めているという。

それは、主に四つの派閥に分かれているという。福建閥、浙江閥、上海閥および陝西閥だ。福建、浙江、上海はそれぞれ習近平がその地域の書記を務めていた時代に部下であった官僚たちから構成されている。陝西閥は父親の習仲勲の時代から家族ぐるみで付き合ってきた人脈が中心だ。

さらに、これと重複するように五つのグループが誕生している。軍事・工業部のテクノクラート・グループ、清華大学グループ、中央党校グループ、習近平夫人の彭麗媛の取り巻きグループ、公安・安全部グループだ。これら派閥とグループの間で、習近平独裁下での利権や習近平後継の座を争う新たな権力闘争が起きると、呉国光は予測する。つまり習家軍は内部闘争で分化し、相互牽制することになる。これは、習近平がむしろ望むことだろう。家臣たちが団結して習近平に対抗するという可能性がなくなる、という意味では。

国務院は首相の李強が浙江閥、副首相の丁薛祥が上海閥、何立峰が福建閥で、それぞれが独自に習近平との太いパイプを持っており、相互に牽制し合う関係だ。さらに軍事系テクノクラート・グループの張国清、陝西閥の劉国中も副首相だ。こうしたメンツを見ると、李強はおそらく、とても仕事がやりにくいだろう。

さらに注目されているのが、蔡奇だ。序列五位ながら、彼に異常に権限が集中しており、すでに李強を超える権力を掌握している、と噂されている。

蔡奇は福建閥に属し、中央書記処常務書記、中央弁公庁主任、中央国家安全委員会副主席、中央国家機関工委員会書記、中央学習習近平思想チーム組長などの役職を兼務。

中央書記処常務書記は、党務の運用をすべて管轄する非常に強い権限を持ち、「副総書記」とみなされる。中央弁公庁主任はもともと書記処常務書記の下にある職位だが、どちらも蔡奇が兼務することは、共産党執政史上極めてまれだ。つまり、党務について、習近平は蔡奇に全面的に任せている、ということだろう。蔡奇は少なくとも党内の五大要職を兼務し、国家安全、思想宣伝工作、習近平の補佐役の任務を負っている。

おそらく習近平にとって、蔡奇の忠誠心がもっとも信頼できるということだ。蔡奇は習近平と共産党組織の連絡係であり、習近平が党組織を自在に動かすための手足代わりが蔡奇ということだろう。

蔡奇は、習近平の子飼いの部下の中でも、最も非情で党内の人望がない人物といわれている。

2017年、北京市書記のとき、北京の低端人口（ローエンド人口）と呼ばれる低層の人々が暮らすスラムを、都市の美観を守るという理由で春節間近の真冬に一斉撤去し、およそ300万人の人々を路頭に迷わせたこともあった。こうした残酷な政策を迷いなく行える決断力を習近平が評価したのが、彼の出世の一つの理由だといわれている。

だが習近平が蔡奇を重用するのは、その性格が悪く党内の人望がないこと、そして年齢がすでに67歳と老いているからだという見方もある。老いた人望のない蔡奇に権力を集めたとしても、党中央幹部たちが彼を担ぎあげて、習近平を追い落とそうという動きにはつながらない。だが、序列二位の李強は64歳で、官僚としての能力は本来高いことは、浙江省時代の民営企業育成の手腕などで明らかだ。また、李強のライバルの丁薛祥は61歳で、党中央で長らく習近平の秘書を務めた秀才であり、人柄も悪くない。上海時代は国家副主席の韓正とも一緒に仕事をして仲がよく、習近平を快く思っていない上海閥残党に担ぎ上げられる可能性がなくもなさそうだ。二人とも、すでに平党員に降格された元副首相の胡春華ほど若くもなければ優秀ではないかもしれないが、一定程度の権力を掌握すれば、70歳の習近平を押し退《の》けて党のトップに立てるだけの若さと能力はあるだろう。

　李強を序列二位に抜擢したのは習近平自身だが、民営企業重視の方針にこだわる李強は、習近平と政策の方向性にずれが見えており、習近平としては心から信頼してはいないようだ。だから、李強が首相に就任すると同時に、党と国家の機構改革によって国務院の権限をできるだけ削ぎ、中央書記処常任書記と中央弁公庁主任を蔡奇に兼任させて党中央の中枢の権力を蔡奇に集め、李強や丁薛祥を牽制しようと考えたのではないかと思われる。

　さらに、習近平の権力を支えるのは、公安相と国務委員を兼任する王小洪だといわれている。65歳の王小洪は福建省福州市の公安副局長時代に習近平と出会い、その忠実な部下として公私ともに習近平に尽くしてきた。習近平と同じ公務員アパートの下階に住み、休日は習近平の幼い娘の子守までしたという。その忠実さが習近平に愛され、習近平の懐刀として汚れ仕事を請け負いながら一気に出世していった。公安部はもともと、習近平の政敵である周永康が牛耳っていたが、周永康を失脚させてから、その残党を徹底的に排除するために、王小洪に非常に多くの公安部内の特権を与えてきたのだ。

特に2019年の全人代後、公安部の二人の次官の傅政華と黄明を排除し、王小洪を公安部ナンバー2の次官に昇進させ、さらに特勤局（監察局）を設置し、その局長兼書記に任命した。これは公安幹部および党中央指導部に対する安全維持も任務とされるが、実のところ、政治局常務委員以外の党中央幹部に習近平に対する裏切りがないか、内偵も行う習近平のためのスパイのような仕事も含まれると見られている。王小洪は公安部内の最後の周永康残党の実力派、孫力軍元公安次官を中心とする孫力軍集団のクーデターを未遂に終わらせ、徹底的に潰した。また新型コロナがアウトブレイクする中、党内外、社会では習近平のゼロコロナ政策への強い不満が高まったのを、徹底的な監視強化と恐怖政治でコントロールし、習近平の権力維持強化を支えたといわれる。

王小洪も中央書記であり、中央書記処常任書記の蔡奇とともに福建閥が党中央で幅を聞かせている形になる。

こうして習近平は部下たちを派閥に分けて相互牽制させることで、「習近平一尊」の独裁体制を維持する仕組みをつくろうとしている。だが、それは間違いなく、習近平独裁を一時的に強固にすることになるだろうが、14億人の巨大人口国家をまとめ上げる共産党パワーの団結に亀裂を生むという意味では、党としての統治能力を弱体化させることになるかもしれない。それは、毛沢東時代の晩年、文化大革命という形で、党内闘争が延々と10年も続き、中国と共産党を疲弊のどん底まで落とした時代の再来を呼ぶことになるやもしれない。

最終章

「独裁新時代」崩壊への
カウントダウンのボタン

独裁の強化は国力の強化にあらず

ここまで習近平3期目の社会、外交、経済、内政の動きを見てきたわけだが、最終章では本書のタイトルに戻り、果たして中国共産党体制は崩壊するのか、するとしたらどういうシナリオがありうるのか、を考えてみたい。

過去に、中国共産党体制が崩壊するかもしれない、あるいは民主化するかもしれない状況は何度かあった。

中国人民共和国の建国を成し遂げた毛沢東の個人独裁が頂点に達したのち、中国は最終的に10年におよぶ文化大革命という空前の混乱を経験した。このときの国土の荒廃ぶりは戦争よりもひどく、中国共産党体制が崩壊しなかったのは、鄧小平、胡耀邦といった開明派の指導者たちが改革開放という中国の国際化、自由化に舵を切ったからだった。これは、体制の崩壊ではなかったが、体制の大転換と言ってもいい。毛沢東王朝の終焉という意味では、一つの体制崩壊だったと言えるかもしれない。

この改革開放プロセスで、鄧小平を中心とした権力闘争と、東西冷戦終結という国際社会の大変化があり、１９８９年の中国の民主化運動が盛り上がり、その武力鎮圧という天安門事件を経験した。この民主化運動と天安門事件を契機に、旧ソ連のように共産党体制が崩壊する可能性はあったかもしれない。そうならなかったのは、やはり鄧小平が指導者として、あるいは独裁者として極めて優れていたからだろう。鄧小平は自ら党の主要職位を完全引退し、若い江沢民を後継者にして、官僚政治家たちによる集団指導体制を確立し、経済の市場化、国際化を加速させ、国際社会を味方につけることに成功したのだ。

経済の市場化と国際化が進むことで、やがて共産党は、資本と権力が癒着する「権貴族」が幅を利かせるようになり「株式会社共産党」と呼ばれる利権集団に変質していく。そして中国社会で共産党の権威と癒着した富裕層が誕生し、貧富の格差が拡大し、これが社会の不安定要因となっていった。この権貴族は、ロシアのオリガルヒや米国のディープ・ステートと呼ばれる金融・軍産企業につながる汚職政治家ともよく似ている。

共産党が資本主義に染まる汚職集団、利権集団になり、人民を搾取する「敵」となってくるにつれ、民主集中制を掲げる唯一の執政党としての共産党のレジティマシー（正統性）が揺らぎはじめた。ここで三度目に、共産党体制は崩壊のリスクにさらされる。このリスクを回避するために、胡錦涛政権は科学的発展観と和諧社会を掲げて、微調整しながら、少しずつ党内民主拡大のほうに政治改革を進めようとする。おそらくは日本の「成功した社会主義」と評される「自民党独裁」を真似ようとしていたが、その自民党が野党に下っている間、胡錦涛政権は尖閣諸島周辺の漁船衝突事件をきっかけに、その日本重視政策が党内で批判に晒され、挫折する。胡錦涛は結局どうすることもできず、矛盾をはらんだままの体制を習近平に禅譲した。胡錦涛は、おそらく習仲勲という開明派の政治家の息子である習近平に自分ができなかった政治改革を託したのかもしれない。だから胡錦涛は習近平を守るために、薄熙来失脚に協力したのだろう。

だが、習近平は権力を掌握したとたん、党内民主を進めるどころか、鄧小平から続く改革開放路線、集団指導体制から毛沢東式個人独裁の方向に逆走する。習近平の狙いは、至ってシンプルだ。今の共産党が直面する崩壊リスクの原因は、改革開放と集団指導体制によってもたらされた、と考えたのだ。だったら、それ以前の共産党の原点時代に立ち戻ればよい、ということだ。共産党の原点とは毛沢東である。それを「党の全面的指導と党中央の集中統一指導の堅持」と言う言葉で表現した。そして「四つの意識」「四つの自信」「二つの擁護」というスローガンとして打ち出した。

四つの意識とは、政治意識・大局意識・核心意識・一致意識を指し、党の思想面の統一、政治面の団結、行動面の一致の必須を訴えるものだ。四つの自信は道、制度、理論、文化に対する自信で、社会主義が方向性としても制度としても理論としても文化としても絶対的に優れているという自信、信念を持たなければならない、ということ。二つの擁護とは習近平総書記の党中央、全党の核心としての地位を断固擁護することと、党中央の権威と集中的統一的な領導を断固として擁護するということで、習近平独裁を維持すること。これらは第20回党大会で党規約に盛り込まれ、党員が従わねばならない義務となった。つまり、中国共産党は社会主義以外の信念や価値観は認めないし、党内に異論、異見を言うものは認めない。全員、習近平を核心とする党中央、つまり習近平個人に従え、ということが党規約に盛り込まれたわけだ。

本当は、習近平が党規約に盛り込みたいスローガンがもう一つあった。「二つの確立」というもので、これは「習近平同志の党中央の核心、全党の核心としての地位を確立し、習近平新時代の中国の特色ある社会主義思想の指導的地位を確立する」という内容だ。これは習近平総書記ではなく、習近平同志という個人の絶対的独裁者の地位確立を意味しており、習近平個人崇拝を肯定するものだ。だがこれは、共産党規約に最初からある「いかなる形式の個人崇拝を禁止する」という条項と矛盾する。党内から個人崇拝条項を削除するるのか、と強い反発を受け、さすがの習近平も「二つの確立」を党規約に盛り込むことを断念したという。

すでにグローバル化し、経済の資本主義化が進んだ中国を毛沢東時代の方向へ逆走させ、経済よりも政治とイデオロギーを優先する時代に立ち戻ることなど、常識的には無理だと思われた。いったん手に入った自由や豊かさを手放して、計画経済、公有経済に立ち戻ることなど、14億人民が納得できるだろうか。人民に経済成長と豊かな明日の暮らしを約束できない共産党が唯一無二の執政党としてのレジティマシーを維持できるだろうか。

そもそも習近平は、素晴らしく知性が高くて人望のあるスーパーマンタイプではない。名門清華大学卒業だが、習近平は通常の大学受験を経て入学したわけではない。文革時代に大学受験はなかった。習近平の学力は文革で下放されたために、中二当たりで止まっており、古典の名言の漢字が読めなかったりしたときなど、しばしばその無知がネット民から揶揄された。

学力のみならず、人格的にも決して優れてはいない。コンプレックスが強く、他者からの批判や忠告を受け入れられない。政策の失敗を認められず、反省したりフィードバックしたりできない。助言や批判をすぐに敵意ととり、粛清という形で暴力的に自分と異なる意見を排除し、恐怖政治を行った。党内にも政敵は多く、人民、特に都市の知識層や富裕層からも支持されていない。

だから私は当初、習近平政権は短命であろうと思っていた。だがその予測は外れ、習近平は通常の2期10年で反習近平派を徹底排除し、自分の手下で固めた最高指導部をつくり上げて第3期目5年の任期をスタートさせた。

この予測を外してしまった言い訳をすると、疑心の強い独裁者の権力への執着、異見者を徹底的に排除するシステムの強固さというものを、見誤ったということだ。さらに言えば、中国人はもともと被支配民族の長い歴史を持っており、支配されることに慣れていて、意外に抵抗しないのだ。時に自ら独裁者に支配されることを望むことさえある、その民族性を理解しきれていなかった。さらには現代のハイテク、デジタル、AI技術は14億人人口の反発を抑え込み、コントロールしようとする独裁者の大いなる助けとなった。加えて新型コロナ肺炎のパンデミックやロシアによるウクライナ侵攻などの厄災などが、民主主義の欠点や脆弱さ、そして米国のレームダックぶりがあぶり出し、それは習近平独裁新時代の追い風になった。

考えてみれば毛沢東も、あれほど国家を混乱させ、膨大な犠牲を人民に出したにもかかわらず、寿命を全うするまで最高権力の座に君臨していた。毛沢東の寿命が尽きるまで、誰も文革を終わらせることができなかった。北朝鮮は金正恩体制についても、当初は多くの北朝鮮専門家が短命政権だと予測したが、苛烈な粛清によって延命し、今も元気にミサイルや衛星を打ち上げている。いったん、独裁体制のトップに就くと、それを倒すことは極めて難しい。

習近平独裁を阻止するタイミングがあったとしたら、それはまだ正式に権力の座に就く前、元重慶市書記の薄熙来が密かに計画していたクーデターが成功した場合だったろう。だが、これを未然に防いだ習近平は、その防衛本能を強化し、政敵が具体的にアクションをとる前に徹底的に粛清するという、毛沢東ばりの激烈な権力闘争を展開していったのだった。今の習近平のスタイルは、82歳で死去するまで唯一無二の独裁者として君臨した毛沢東に非常に近い。ならば2023年6月に70歳の誕生日を迎えた習近平もあと10年以上、権力トップで居続ける可能性があると想定すべきかもしれない。

ただ、習近平独裁が続くことが、中国が安定して発展し続けることになるかというと、それはイコールではない。独裁体制で発展する可能性があるのは、シンガポールのように開発独裁に舵を切った場合だ。鄧小平時代の改革開放は開発独裁に近い路線で、経済発展を何より優先したから中国の奇跡の高度成長を生んだ。だが習近平独裁は、経済よりも政治・イデオロギーを優先し、西側民主主義陣営との政治的イデオロギー対立のために経済を犠牲にすることも厭《いと》わない。

習近平独裁が、今のスタイルの独裁を維持する限り、中国経済が再び高度経済成長期を迎えることはないだろう。民営企業の活力がこのまま奪われ、経済規模がじわじわ縮小し、人民の暮らしぶりは悪くなる。一度、バブル時代を経験した世代は、中国のこの長い低迷時代に不満を募らせる。この不満の矛先を、習近平のデジタル・レーニン主義でどこまでコントロールできるかは分からない。矛先は、地方政府に向かうのか、自分より少し豊かな隣人に向かうのか、あるいは外国の特定の国に向かうのか。いずれにしろ社会の不安定化が進むだろう。

習近平個人独裁が強化され、党内の反習近平派は徹底排除されたとしても、党内はむしろ団結に亀裂が入る。恐怖政治を前に、疑心暗鬼が蔓延《はびこ》り、密告合戦が起き、良心的で優秀な官僚ほど失脚させられ、やる気が失われる。能力がなく習近平への忠誠を誓うだけで出世してきた官僚たちが政治を運営すれば、党の求心力も落ち、統治の綻びが末端で生まれるだろう。

経済的に魅力が褪《あ》せていく中国は、習近平の米国への対抗心や国際社会を牛耳ろうとする野心ばかりが目立ち、西側先進国を中心とする国際社会から警戒され排除される。一方、チャイナマネーに群がってきた途上国も、そのチャイナマネーが尽きてくれば、むしろ資源などが搾取され、地政学的に一方的に利用されることを嫌がるようになるだろう。

つまり習近平独裁が強固になればなるほど、中国共産党体制は風通しが悪く柔軟性にかける分、それが体制の脆弱性として目立つようになり、習近平「独裁新時代」が長引くほど中国の国力と国際社会へのポジティブな影響力は低下する。習近平「独裁新時代」のスタートが共産党体制崩壊のカウントダウンの始まりなのだと、私は考えている。

台湾有事という起爆装置を押させない

この習近平「独裁新時代」が体制の崩壊の始まりだとしたら、隣国としてはいくつか考えねばならないことがある。中国の経済低迷、社会と人心の荒廃で膨らむ人民の不満の矛先を習近平が外国に向けることだ。その矛先を向けられやすいのが日本であることは、言わずもがなである。歴史問題、尖閣諸島をめぐる問題に加えて、最近は福島原発のＡＬＰＳ処理水の海洋放出問題までが、日本を批判する材料になっているが、この手の日本批判は今に始まったことではなく、日本側もすでに慣れっこだろう。想定すべきは、台湾有事の当事者として、日本が中国の軍事的敵性国家となる可能性だ。

すでに「台湾有事は日本の有事」という認識が日本政府にもある。台湾有事が起これば日本は必然的に有事に巻き込まれる。だから、台湾有事は絶対に起こさせてはならない。だが、習近平は台湾有事を起こすつもりでいる、つまり台湾武力統一を遂行するつもりがあると想定すべきだ。少なくとも可能性はゼロではない。一般的な認識では、「中国に米国を敵に回して台湾を武力統一するだけの軍事実力はない。だから、中国が強引に台湾を武力統一する可能性はない。せいぜい台湾に恫喝してみせ、台湾に自ら和平統一という選択肢をとるように仕向けているだけだ」というのが支持されやすい意見だろう。

だがロシアがウクライナに侵攻する前の２０２１年秋ぐらいの段階では、多くのロシア専門家、東欧の専門家もよく似たようなことを言っていた。プーチンはそんなことをするほどバカではない、と考える人が多かった。だが、プーチンは戦争を起こしたのだった。

つまり独裁者が戦争を起こすときは、冷静にメリットやデメリットの判断だけで起こすのでもなければ、私たちがデメリットと考える経済への打撃や、人民の犠牲というのは、独裁者にとって大したデメリットではないということだ。習近平はすでに経済発展や人民の暮らしよりも自らの独裁強化とイデオロギー統制を優先させる政策をとっている。

習近平が台湾武力統一計画に関してどのくらい本気かについては諸説あるが、米国国家情報委員会が２０２３年3月に議会に提出した「年度脅威評価報告」（スリートアセスメントリポート）では、「北京は、ますます米中競争を一つの時代を画す地政学的変革と見ている」として、今後一年の間に中国はますます恫喝と誘惑の両方を使って台湾に統一を迫る動きをする。その中には台湾海峡中間線を越えた軍事行動や台湾に向けたミサイル発射なども含まれる」としている。実際、中国の台湾海峡における軍事行動はエスカレートしており、6月3日、米ミサイル駆逐艦のチャン・フーンとカナダロイヤルネイビーのフリゲート艦ＨＭＣＳモントリオールが一緒に台湾海峡を通過し、航行の自由作戦を行った際、中国解放軍艦艇が突然舵を切ってチャン・フーンの前方に近づき、双方は１４０メートルにまで接近、あわや衝突しそうになる事件があった。チャン・フーンはコースを維持しつつ減速、衝突を回避したが、米中「偶発衝突」のリスクがあることを国際社会に知らしめた。米国側は、台湾への武器供与を含めて軍事支援を強化しており、こうした一触即発の緊張感は今後も激化していくと見られている。

一部専門家は、軍事的恫喝行為と、実際の武力統一戦争を仕掛ける行為とは全く違うと考え、習近平政権が一線を超えることはない、と指摘する。だが習近平にとって台湾統一は自分が独裁政権をより確固とし、なおかつ国内の低迷や荒廃による人民の不満を解消して共産党のレジティマシーを維持するために不可欠だと考えている。さらに言えば、米中対立の先鋭化で、半導体のグローバル・サプライチェーンから完全に締め出された場合、生き残り策として、世界最大の半導体ファブの中心地・台湾を統一することが必要という判断もあると、この『年度脅威評価報告』は指摘している。

米議会下院が新たにつくった米国中国共産党戦略競争特設委員会委員長のマイク・ギャラガー議員は『FOXニュース』のインタビューで、「解放軍予算の増加ぶりを見ても、習近平の台湾武力統一が極めて本気であることは明らかだ」「習近平の台湾侵略の意図ははっきりしており、必要なときには武力を使うだろう」と語った。ギャラガー議員は米国が同盟国と共に武装パワーを配置して、適時に台湾を守り、中国の侵略を阻止する必要性を訴えていた。

ならば、もし習近平が台湾武力統一を起こすとしたら、いつごろか。よく言われるのが2027年説だ。

2024年1月13日に台湾総統選挙が行われる。もし、台湾で民進党政権が継続すれば、中国は民進党政権を台独派とみなしており、その恫喝圧力を緩めることはない。台湾総統選は直接選挙で、その争点は対中政策、対米政策が問われることになる。その選挙結果は、民意を率直に反映している。民進党の頼清徳候補が総統に当選したならば、それは台湾人の多数が中国との統一に反対し、米国との軍事協力を支持しているということであり、習近平にすれば統一を諦めないならば、武力統一以外の選択肢がないということを突き付けられる。習近平は、蔡英文政権よりも、一層はっきりした台湾国家観を持つ頼清徳政権をそのままにしておけるだろうか。次の総統選前の2027年前後に、武力をもって台湾統一に動く可能性は高まるかもしれない。

また2027年は習近平3期目の任期が終わるタイミングであり、習近平が第4期目も共産党の唯一無二の指導者の地位に君臨し続けるためには、その正統性を保つべく、輝かしい目に見える成果を挙げる必要がある。台湾統一以上の共産党の悲願は、今のところない。しかも2027年は解放軍創立100周年という節目の年であり、解放軍としてもこの年に台湾奪還の成果を上げたいという意欲があろう。

２０２４年1月の選挙で国民党候補の侯友宜が総統になれば、また違った展開になるかもしれない。だが、国民党政権になっても、台湾が自由と民主の価値観を捨て、中国と平和統一するという選択肢をとることはないだろう。習近平にとっての統一のリミットが同じとすれば、やはり２０２７年の台湾有事のリスクは高まることになるだろう。かりに、２０２７年までに中国が台湾統一へのアクションをとらないとしても、台湾統一を諦めることはありえないと思われる。むしろ２０２７年以降に先送りされたほうが、解放軍の実力が上がり、武力統一の成功率が高まるという考え方もある。

米国側の専門家たちはかなり真剣に台湾海峡の戦争勃発の可能性について評価しており、ランド研究所の国防研究員のマーク・コザートは「北京の指導部が戦争を起こすと決断したら、米国は簡単に中国を敗北させることができるかどうか慎重に評価しないといけない」と『ボイスオブアメリカ』に語っている。

この中国による台湾武力統一を米国や日本、西側自由主義国家陣営が阻止できず、台湾が中国に併合されてしまった場合、世界の形は大きく変わることになる。習近平体制の崩壊シナリオは消え、パックスアメリカーナからパクスシニカに国際社会の枠組みが激変する可能性がある。習近平はそれを目指しているからこそ、台湾有事があり得ないとは言い切れないのだ。だが台湾武力統一が失敗し、台湾統一自体を中国が諦めざるを得ない状況になれば、それが共産党体制の崩壊のトリガーとなるだろう。ロシア・ウクライナ戦争も、ウクライナがクリミアまで奪われた領土を完全に取り戻し、ウクライナ勝利で終われば、プーチン体制は崩壊するだろう。独裁者による一方的な戦争は、勝てば独裁者の地位を固め延命に作用し、負ければ戦争犯罪人として終焉する。

毛沢東は抗日戦争と国共内戦で勝利したことで独裁者としての地位を確立し、最後まで戦争に負けなかったから独裁者としての寿命を全うした。鄧小平も、対ベトナム戦争で勝利した経験が地位の確立につながった。銃口から生まれた政権・共産党政権にとって、戦争に勝つことが、政権の正統性の証明みたいなものなのだ。だから習近平も独裁者としての延命を考えるならば、どこかのタイミングで戦争に勝って見せる必要があると考えても不思議ではないのだ。

日本は台湾有事の当事者になる立場だからこそ、習近平の武力統一アクションはいずれ必ず起きると想定し、どうすればそれを起こさせないかを慎重に分析して準備しておく必要があるだろう。はっきり言えるのは、負けると最初から分かっている戦争は誰も仕掛けない。プーチンは48時間でキーウを陥落できると考えたからアクションを起こしたのだ。日本にとって必要なのは、台湾を自由主義陣営の仲間として認め、有事には同盟国家として共に戦うという意思を明確にすること。中国が台湾武力統一アクションを起こせば、米国や日本だけでなく、ＥＵや東南アジアも台湾サイドに立つという国際環境を形成するための外交努力、そして単純に米国から兵器を買うといった軍備増強ではなく、情報、諜報、ロジスティックス能力や危機管理意識や覚悟から国防を整えることだと私は考えている。

中国の未来は中国人が選択すべきだ

習近平の最終目的は国際社会の再構築を中国の主導で行い、米国一極構造を打破することだ。習近平は中国を支配する唯一無二の独裁者になりたいだけでなく、習近平新時代の中国の特色ある社会主義思想を世界に拡張し、中国式現代化モデルを米国式民主主義に代わる新しい発展モデルとして提示したいのだ。そうすれば、習近平は、毛沢東ですら夢見てなし得なかった世界の領袖になれる。中華秩序によって世界をまとめるパックスシニカを実現し、機軸通貨は人民元。そんな野望は実に荒唐無稽だが、台湾有事から第三次世界大戦でも勃発すれば、その勝敗によって国際社会のルールメーカーは入れ替わる。だが、中国の大勢の普通の人々は、そんな習近平が支配する世界を本当に望んでいるのだろうか。そういう世界で生きることが幸福と思っているのだろうか。

もし、習近平が領袖として君臨する社会が本当に素晴らしいものなら、なぜ習近平政権になってから「潤」（RUN）と呼ばれる中国脱出ブームが起きているのか。

中国の人口は2022年、予想より早い人口マイナス成長期に入ったが、これは新型コロナによる死者が増加したことや、出生率の低迷以外に、中国脱出人口が増えたからだともいわれる。国連難民事務高等弁務官事務所によれば、中国人で海外に亡命を求めた人数は、2010年は7732人だったが、2021年は11万8476人となり、10年ほどで15倍以上に増えている。中国を脱出した中国人の目的地は米国、ロシア、アフリカからラテンアメリカまでと幅広く、米国が4分の3以上を占めていた。特に香港で2020年に国家安全法が施行されたのち、香港が中国の共産党支配から逃げたい人々の受け皿にならなくなったため、外界脱出が目立つようになったといわれている。

政治的庇護を求めて難民申請するような中国人は脱出組のほんの氷山の一角だ。民間の

「移民コンサルタント」を名乗る密航業者に頼って海外に脱出するケースは、パスポートすらなく、ひっそりと脱出する。たまに大量の中国人がどこかの国の国境で一斉逮捕されたり、あるいはコンテナから大量の遺体で見つかったりするなどの事件が起きて、その一端が知られる。米国の入国管理局と国境保護局のデータでは2022年10月からの半年間で、6500人の中国人が米国とメキシコの国境において違法入国で逮捕されている。これは前年同期比で15倍以上だという。また、ある程度の富裕層は日本への移民を合法的に行っている。

日本は投資移民のハードルが比較的低く、500万円以上の投資やいくつかのノウハウをもって条件をクリアすれば、定住権を得られる。3カ月以上の在留資格があれば国民健康保険にも入ることができ、中国では高価で受けられない先端医療も日本では可能になる。日本に移住を決めたある中国人投資家は、「中国には安心感がない。新型コロナが蔓延した時は、ロックダウンで身動きがとれず、常に監視されていた。資産を持っている人は、いつそれらを失うかもしれないと心配しなければならない。かつて海外移住する中国人は外国への出稼ぎが目的だったが、今は安心感を得るために移住する時代だ」と話していた。

特に上海でゼロコロナ政策による都市封鎖が発表されたのちは、SNSで「潤学」と呼ばれる先進国への移民テクニックに関するネットミームが爆発的に広がり、中国の都市民、特に若者が中国脱出を熱望していることがうかがえるようになった。もし国際社会が中国式価値観、中国式秩序で支配されるようになれば、今の中国の若者たちが感じている不条理、閉塞感、不安感が世界に広がることになる。中国から脱出して新天地で自由な人生を探す可能性すら狭まってしまう。習近平独裁が世界に広がることは、中国人にとっても決してよいことではないのだ。

私たちのような外国人が中国の体制や指導者をいくら批判したとしても、日本の外交スタンスを是正するための世論喚起になっても、中国の政治や社会を変えていく力にはならない。中国を将来どのような国にするか、決めて動かしていくのは中国人でしかない。

かつて天安門事件の学生指導者の王丹に、「中国の体制変革が起きるとしたら、最大のパワーはどこから生まれるか」と訊《き》いたことがあった。私は三つの要素を挙げた。体制内の官僚、識者たちによる内側からの変革。米国ら国際社会の外圧。人民の底辺からの変革の希求パワー。

彼は即座に「人民の力だ」と言っていた。私も、そう思う。中国の歴史の中で王朝の滅亡は大抵、農民の反乱がトリガーになった。今の中国の若者は、こっそり不満をかこち、躺平主義という無抵抗主義で独裁の苦しみに耐え偲ぶだけだが、時には「白紙革命」のような大胆な抵抗運動が燎原の火のように広がる。恐怖政治で一時的に鎮圧されても、しばらくすれば別の形で抵抗運動が起きる。水面下にある人民の力は、時には垣間《かいま》見え、その間隔は短くなっている気がする。その力はひょっとすると、近いうちに顕在化するかもしれない。

日本は今、多くの中国の若者を留学やビジネス現場に受け入れているが、こうした中国の若者に接する日本人は、学問の自由、言論の自由、思想の自由を享受することの貴《とうと》さを分かち合い、価値観を共有してほしい。日本で学び、仕事する中国人が、台湾への武力統一は自分たちが享受している自由世界を破壊する行為であることに思い至れば、中国の体制を変える人民の力も少し膨らむかもしれない。

本書を書き上げた２０２３年６月上旬、天安門事件34周年を迎えるころ、ネットで懐かしい記録映像を見かけた。自転車に乗って天安門広場に急ぐ、眼鏡をかけて赤い鉢巻をした中国人青年が、「なぜデモに参加するの？」というメディアの問いかけに「麦丢替」（ＭｙＤｕｔｙ）と爽やかな笑顔で答える映像だ。

あの彼は今、どうしているのだろう。子供たちは？　孫は？　いつか彼らの子孫が「麦丟替」と言って、独裁を終わらせるカウントダウンのボタンを押そうと立ち上がる時が来ることに、期待を寄せたい。

（本書は、ウェブマガジン「福島香織の中国趣聞」とJBPressへの寄稿を再編集したものであり、参考文献、参考記事、参考資料についてはウェブマガジンhttps://foomii.com/00146で配信した関連メルマガで適時URLを表示している。なお、書籍中の公的人物の敬称は省略させていただいた）

福島香織（ふくしま・かおり）

ジャーナリスト、中国ウォッチャー、文筆家。1967年、奈良市生まれ。大阪大学文学部卒業後、1991年、産経新聞社に入社。上海復旦大学に業務留学後、香港支局長、中国総局（北京）駐在記者、政治部記者などを経て2009年に退社。以降はフリージャーナリストとして月刊誌、週刊誌に寄稿。ラジオ、テレビでのコメンテーターも務める。著書に、『習近平　最後の戦い』（徳間書店）、『台湾に何が起きているのか』『ウイグル人に何が起きているのか』（以上、ＰＨＰ新書）、『習近平王朝の危険な野望』（さくら舎）、『孔子を捨てた国』（飛鳥新社）など多数。ウェブマガジン「福島香織の中国趣聞（チャイナゴシップス）」を連載中。

習近平「独裁新時代」崩壊のカウントダウン

2023年8月4日　第1刷発行

著　者　福島香織

発行人　岩尾悟志

発行所　株式会社かや書房

〒162-0805

東京都新宿区矢来町113　神楽坂升本ビル３Ｆ

電話　03-5225-3732（営業部）

印刷・製本　中央精版印刷株式会社

ISBN978-4-910364-32-2 C0031